LES DOUZE ÉTAPES
et les
DOUZE TRADITIONS

LES DOUZE
ÉTAPES
et
LES DOUZE
TRADITIONS

✦

ALCOHOLICS ANONYMOUS® WORLD SERVICES, INC.
BOX 459, GRAND CENTRAL STATION
NEW YORK, NY 10163

TITRE ORIGINAL
Twelve Steps and Twelve Traditions

Publication approuvée par la
Conférence des Services généraux des AA

Publié et distribué par
**Le Service des publications françaises
des AA du Québec**
230, boul. Henri-Bourassa Est, bureau 100
Montréal (Québec) Canada H3L 1B8

ISBN 2-920203-05-3

Dépôt légal, 4ᵉ trimestre 1986
Bibliothèque nationale du Québec
Bibliothèque nationale du Canada
6ᵉ mille

Imprimé au Canada

Table des matières

usage de la volonté. Nécessité d'un effort personnel constant pour se conformer à la volonté de Dieu.

« Nous avons courageusement procédé à un inventaire moral, minutieux de nous-mêmes. »

Comment les instincts peuvent outrepasser leur fonction propre. La Quatrième Étape est un moyen de découvrir nos handicaps. Le problème fondamental des extrêmes dans les élans passionnels. Un inventaire moral mal orienté peut déboucher sur la culpabilité, la complaisance ou la recherche d'autres coupables. On peut prendre note des qualités aussi bien que des lacunes. Il est dangereux de chercher à se justifier. Le seul fait d'être disposé à faire l'inventaire apporte déjà lumière et confiance nouvelle en soi. La Quatrième Étape est le départ d'une pratique qui doit durer toute la vie. Les symptômes communs de l'insécurité émotive sont l'inquiétude, la colère, l'apitoiement et la dépression. L'inventaire couvre nos relations humaines. L'importance d'un inventaire exhaustif.

« Nous avons avoué à Dieu, à nous-mêmes et à un autre être humain la nature exacte de nos torts. »

Les Douze Étapes réduisent l'ego. La Cinquième Étape est difficile mais nécessaire à la sobriété et à la tranquillité de l'esprit. La confession existe depuis toujours. À moins d'avouer franchement leurs défauts, peu d'alcooliques resteront sobres. Quel résultat obtient-on de la Cinquième Étape ? Le commencement d'une relation de famille authentique avec les hommes et avec Dieu. La perte de l'impression d'isolement. L'obtention du pardon et la capacité de le donner ; un entraînement à l'humilité et une vue réaliste de soi. Nécessité d'une parfaite honnêteté. Danger des rationalisations. Comment choisir le bon confident. Les fruits de cette Étape sont le calme et le sentiment de la présence de Dieu. Nous sentir ainsi unis à Dieu et au reste de l'humanité nous prépare aux étapes suivantes.

« Nous avons pleinement consenti à ce que Dieu élimine tous ces défauts de caractère. »

La Sixième Étape est nécessaire au progrès spirituel. Le début d'un travail qui dure toute la vie. Prendre conscience de la différence entre la perfection et le fait de tendre vers un objectif. Pourquoi nous devons continuer d'essayer. L'importance capitale de « consentir pleinement ». Nécessité de passer à l'action. Le délai comporte des risques. La révolte peut être fatale. C'est le moment d'abandonner nos objectifs limités pour accomplir la volonté de Dieu.

La première condition pour poser un bon jugement est d'avoir l'esprit en paix. Pour réparer ses torts, il est important de choisir le moment opportun. Qu'est-ce que le courage ? La prudence est l'art de prendre des risques calculés. La réparation des torts commence le jour même où l'on adhère aux AA. On ne peut acheter la paix d'esprit aux dépens des autres. La discrétion à observer. L'esprit de la Neuvième Étape est d'être disposé à assumer les conséquences de son passé et à se rendre responsable du bien-être des autres.

Dixième Étape 98

« Nous avons poursuivi notre inventaire personnel et promptement admis nos torts dès que nous nous en sommes aperçus. »

Est-il possible de demeurer sobre et de conserver un équilibre émotif en toutes circonstances ? L'examen personnel devient une habitude régulière. Avouer, accepter et patiemment corriger ses défauts. L'effet de gueule de bois au plan émotif. Quand on a nettoyé son passé, on peut relever les défis du présent. Diverses sortes d'inventaires. Colère, ressentiment, jalousie, envie, apitoiement, humiliation : tout cela menait à boire. Le premier objectif : la maîtrise de soi. Une assurance contre le goût de jouer les grands personnages. Examiner l'actif autant que le passif. Discerner les motivations.

Onzième Étape 107

« Nous avons cherché par la prière et la méditation à améliorer notre contact conscient avec Dieu, <u>tel que nous Le concevions</u>, Lui demandant seulement de connaître Sa volonté à notre égard et de nous donner la force de l'exécuter. »

La méditation et la prière sont les canaux privilégiés pour rejoindre notre Puissance supérieure. Relation de l'examen personnel avec la prière et la méditation. Une fondation inébranlable pour la vie. Comment méditer ? La méditation ne connaît pas de frontières. Une aventure individuelle. Le premier résultat est l'équilibre émotif. Que dire de la prière ? Demander à Dieu à chaque jour de comprendre Sa volonté et d'obtenir la grâce de s'y conformer. Les résultats réels de la prière sont indéniables. Les récompenses de la méditation et de la prière.

LES DOUZE TRADITIONS

pe doit survivre sinon le membre mourra. Le bien-être commun vient en premier lieu. La meilleure façon de vivre et de travailler ensemble comme groupes.

Deuxième Tradition   149

« Dans la poursuite de notre objectif commun, il n'existe qu'une seule autorité ultime : un Dieu d'amour tel qu'Il peut se manifester dans notre conscience de groupe. Nos chefs ne sont que des serviteurs de confiance, ils ne gouvernent pas. »

Qui dirige chez les AA ? La seule autorité chez les AA est celle d'un Dieu d'amour tel qu'Il peut se manifester dans notre conscience de groupe. La formation d'un groupe. Douleurs de croissance. Des comités rotatifs au service du groupe. Les chefs ne gouvernent pas, ils servent. Existe-t-il un authentique leadership chez les AA ? Les « vieux sages » et les « cœurs saignants ». La conscience du groupe s'exprime.

Troisième Tradition   157

« Le désir d'arrêter de boire est la seule condition pour être membre des AA. »

L'intolérance des débuts était due à la peur. Refuser la porte de AA à un alcoolique revenait parfois à le condamner à la mort. On a abandonné les conditions d'admission. Deux exemples tirés de l'expérience. Tout alcoolique devient membre des AA quand *lui-même* déclare qu'il l'est.

Quatrième Tradition   165

« Chaque groupe devrait être autonome, sauf sur les points qui touchent d'autres groupes ou l'ensemble du Mouvement. »

Chaque groupe conduit ses affaires comme il l'entend, sauf lorsque l'ensemble du Mouvement est menacé. Une telle liberté est-elle dangereuse ? Le groupe, tout comme le membre, doit finalement se conformer à des principes qui assurent la survie. Deux signaux de détresse : un groupe ne devrait rien faire qui puisse nuire aux AA dans leur ensemble, ni s'associer à des intérêts étrangers. Un exemple : « Le centre des AA » qui n'a pas fonctionné.

« Chaque groupe n'a qu'un objectif primordial : transmettre son message à l'alcoolique qui souffre encore. » Il vaut mieux ne faire qu'une seule chose à la perfection que d'en faire plusieurs à moitié. La vie de notre association repose sur ce principe. C'est un don de Dieu pour chaque membre des AA que de pouvoir s'identifier au nouveau et l'aider à se rétablir... notre seul objectif est de transmettre à d'autres ce même don. On ne peut maintenir sa sobriété sans la donner.

« Un groupe ne devrait jamais endosser ou financer d'autres organismes, qu'ils soient apparentés ou étrangers aux AA, ni leur prêter le nom des Alcooliques anonymes, de peur que les soucis d'argent, de propriété ou de prestige ne nous distraient de notre objectif premier. » L'expérience nous a donné la preuve que nous ne devions endosser aucune entreprise connexe à la nôtre, quelle qu'en soit la valeur. Nous ne pouvions tout faire pour tout le monde. Nous avons compris que nous ne devions prêter le nom des AA à aucune activité étrangère.

« Tous les groupes devraient subvenir entièrement à leurs besoins et refuser les contributions de l'extérieur. » Aucune autre Tradition des AA n'a été enfantée dans autant de douleurs. Au début, la pauvreté collective n'était pas un choix. La crainte de l'exploitation. Nécessité de séparer le spirituel du matériel. La décision est prise de compter sur les seules contributions volontaires des membres pour subsister. On remet aussi directement aux membres le soin de soutenir le Bureau des Services généraux des AA. Le bureau central adopte comme principe de subvenir aux dépenses courantes et de maintenir une réserve prudente.

« Le mouvement des Alcooliques anonymes devrait toujours demeurer non professionnel, mais nos centres de service peuvent engager des employés qualifiés. »

Impossible de marier les Douze Étapes et l'argent. Différences entre travail bénévole de Douzième Étape et services rémunérés. Le Mouvement ne peut fonctionner sans des employés de service à plein temps. Les travailleurs professionnels ne sont pas des membres des AA professionnels. Rapports entre les AA et l'industrie, l'éducation, etc. Le travail de Douzième Étape ne doit jamais être rémunéré, mais ceux qui travaillent à notre service méritent leur salaire.

Neuvième Tradition   194

« Comme Mouvement, les Alcooliques anonymes ne devraient jamais avoir de structure formelle, mais nous pouvons constituer des conseils ou des comités de service directement responsables envers ceux qu'ils servent. »

Conseils et comités de services spéciaux. Ni la Conférence des Services généraux, ni le Conseil d'administration, ni les comités de groupes ne peuvent émettre de directives obligeant les membres ou les groupes. On ne peut donner d'ordre aux membres — individuellement ou collectivement. Les mesures disciplinaires sont superflues puisqu'un membre des AA signe son propre arrêt de mort s'il ne suit pas les Étapes qui lui sont suggérées pour son rétablissement. La même condition prévaut pour le groupe. La souffrance et l'amour sont les gardiens de la discipline chez les AA. Ce qui distingue l'esprit d'autorité et l'esprit de service. Le but de nos services est de mettre la sobriété à la portée de tous ceux qui la recherchent.

Dixième Tradition   199

« Le Mouvement des Alcooliques anonymes n'exprime aucune opinion sur des sujets étrangers ; le nom des AA ne devrait donc jamais être mêlé à des controverses publiques. »

Les AA ne prennent jamais parti dans une controverse publique. Cette répugnance aux disputes ne relève pas d'une vertu. Notre survie et l'expansion du Mouvement sont nos objectifs premiers. Leçons tirées du Mouvement des Washingtonians.

Onzième Tradition   203

« La politique de nos relations publiques est basée sur l'attrait plutôt que sur la réclame ; nous devons toujours garder

Avant-propos

LES ALCOOLIQUES ANONYMES sont une association de plus d'un million* d'hommes et de femmes qui se regroupent à peu près partout dans le monde pour résoudre leurs problèmes communs et aider ceux qui souffrent encore à se rétablir de cette maladie séculaire déroutante qu'est l'alcoolisme.

Ce livre traite des « Douze Étapes » et des « Douze Traditions » des Alcooliques anonymes. Il met en lumière les principes qui permettent aux membres des AA de se rétablir et qui assurent le bon fonctionnement de leur association.

Les Douze Étapes des AA sont un ensemble de principes de portée spirituelle qui, mis en pratique comme mode de vie, peuvent chasser l'obsession de boire et permettre à la personne atteinte d'alcoolisme de mener une vie heureuse, pleine et utile.

Les Douze Traditions s'appliquent à la vie de l'association elle-même. Elles indiquent les moyens qu'utilise le Mouvement pour maintenir son unité et pour établir ses relations avec le monde environnant ; elles décrivent aussi comment le Mouvement fonctionne et se développe.

Bien que les réflexions de ce livre soient surtout destinées aux membres, plusieurs amis des AA estiment qu'el-

---

* En 1992, on évalue à plus de deux millions le nombre d'alcooliques rétablis chez les AA.

les offrent un intérêt et qu'elles s'appliquent même à l'extérieur du Mouvement.

Plusieurs personnes qui ne sont pas alcooliques nous ont confié qu'elles ont pu, en pratiquant les Douze Étapes des AA, surmonter d'autres difficultés de la vie. Elles affirment que pour les buveurs problèmes, les Douze Étapes peuvent représenter plus que la sobriété. Elles voient là un moyen qui permettra à bien des gens, alcooliques ou non, de mener une vie heureuse et productive.

On note également un intérêt croissant à l'égard des Douze Traditions des Alcooliques anonymes. Des gens qui étudient les relations humaines commencent à se demander comment les AA fonctionnent en tant qu'association et pourquoi. Comment expliquer que chez les AA, aucun membre ne puisse exercer d'autorité sur un autre et qu'on ne puisse nulle part retrouver un gouvernement central ? Comment est-il possible qu'un ensemble de principes traditionnels n'ayant aucune force légale assurent l'unité et l'efficacité au sein de l'association des Alcooliques anonymes ? Bien que préparée à l'intention des membres des AA, la deuxième partie de ce livre fournira à ces curieux l'occasion, jusqu'ici jamais offerte, d'examiner l'intérieur du Mouvement des AA.

Le mouvement des Alcooliques anonymes a commencé en 1935 à Akron, en Ohio, par la rencontre d'un chirurgien bien connu de l'endroit et d'un courtier de New York. Gravement atteints d'alcoolisme, ils allaient devenir les cofondateurs du Mouvement.

Tels qu'on les connaît aujourd'hui, les principes de base des AA furent empruntés surtout aux domaines de la religion et de la médecine, bien que certaines idées, qui ont finalement assuré le succès de notre association, aient été tirées de nos observations sur la conduite et les besoins de l'association elle-même.

Après trois ans d'expériences multiples pour découvrir les éléments qui pourraient les plus utilement servir de base à notre Mouvement, et au terme d'un grand nombre d'échecs dans nos tentatives pour conduire des alcooliques vers le rétablissement, trois groupes ont finalement pris corps, le premier à Akron, le deuxième à New York et le troisième à Cleveland. Et même là, il était difficile de repérer, dans l'ensemble des trois groupes, plus d'une quarantaine de rétablissement assurés.

L'association naissante résolut quand même de consigner son expérience dans un livre qui finit par être publié en avril 1939. Nous comptions alors une centaine de rétablissements. Le livre portait le titre d'*Alcoholics Anonymous*, et c'est de là que l'association tira son nom. On y décrivait l'alcoolisme du point de vue de l'alcoolique, les principes de l'association y étaient codifiés pour la première fois sous la forme des Douze Étapes et on y précisait comment utiliser ces Étapes pour aider l'alcoolique à résoudre son problème. Le reste du livre contenait trente-trois récits ou dossiers d'alcooliques racontant eux-mêmes l'expérience de leur alcoolisme et de leur rétablissement. Ces témoignages permettaient aux lecteurs alcooliques de s'identifier et leur prouvaient que l'impossible était rendu possible. Le livre *Alcoholics Anonymous* devint le manuel de base du Mouvement et le demeure encore. Le présent ouvrage cherche à élargir et à approfondir la compréhension des Douze Étapes telles que consignées dans le premier livre.

Avec la publication du livre *Alcoholics Anonymous* en 1939 s'achevait l'âge des pionniers et s'amorçait une prodigieuse réaction en chaîne, alors que les alcooliques transmettaient à d'autres leur message, faisant ainsi grossir les rangs des AA. Durant les quelques années qui suivirent, les alcooliques affluèrent chez les AA par dizaines de milliers, grâce surtout à l'excellente et incessante publicité gratuite dans les revues et les journaux du monde entier. Ecclésiastiques et médecins accordaient leur appui inconditionnel au nouveau Mouvement, l'endossant sans réserve.

Cette étonnante expansion traîna dans son sillage de très graves problèmes de croissance. On avait fait la preuve qu'un alcoolique pouvait se rétablir. Mais rien n'assurait, loin de là, qu'un si grand nombre de personnes encore si instables pourraient vivre et travailler ensemble dans l'harmonie et l'efficacité.

Partout surgissaient d'inquiétantes difficultés au sujet des conditions d'adhésion, de l'argent, des relations interpersonnelles, des relations publiques, de la gestion des groupes, des clubs, et quantité d'autres questions embarrassantes. C'est de cet immense ramassis d'expériences tumultueuses que prirent forme les Douze Traditions des AA, qui furent publiées pour la première fois en 1946, puis amendées lors du premier Congrès international des AA tenu à Cleveland en 1950. La partie de ce livre consacrée aux Traditions illustre de façon assez détaillée l'expérience qui a finalement produit les Douze Traditions qui allaient donner au Mouvement sa forme, sa substance et son unité actuelles.

Le Mouvement arrive maintenant à maturité et rayonne déjà dans quarante pays étrangers*. Aux yeux de ses amis, il ne s'agit là que d'un commencement pour le service unique et si précieux qu'il accomplit.

Nous espérons que ce livre donnera à tous ceux qui le liront un aperçu très net des principes et des forces qui ont fait des Alcooliques anonymes ce qu'ils sont aujourd'hui.

(On peut entrer en contact avec le Bureau des Services généraux des AA en écrivant à l'adresse suivante : Alcoholics Anonymous,
P.O. Box 459, Grand Central Station,
New York, N.Y. 10163, USA)

* En 1992, le Mouvement est établi dans 134 pays.

LES DOUZE ÉTAPES

Première Étape

« Nous avons admis que nous étions impuissants devant l'alcool — que nous avions perdu la maîtrise de nos vies. »

QUI veut s'avouer totalement vaincu ? Presque personne évidemment. Tous nos instincts naturels se rebellent à l'idée de l'impuissance personnelle. Il est vraiment intolérable d'admettre que nous avons pu, le verre à la main, nous fausser l'esprit au point d'être hantés par une telle obsession destructrice de boire que seul un acte de la Providence puisse nous en libérer.

Aucune faillite n'est comparable à celle-là. Devenu pour nous un créancier vorace, l'alcool nous a volé toute autonomie et toute volonté de résister à ses exigences. Lorsque nous reconnaissons cette implacable réalité, c'est que notre vie est devenue une faillite totale.

Mais une fois entrés chez les AA, nous voyons différemment cette ultime humiliation. Nous nous rendons compte que seule la défaite totale peut nous permettre de nous engager sur la voie de la liberté et de la force. L'aveu de notre impuissance se transforme en solides fondations sur lesquelles nous pouvons construire une vie heureuse et utile.

Nous savons qu'un alcoolique gagnera bien peu à se joindre aux AA s'il n'a pas d'abord reconnu sa désastreuse faiblesse et toutes ses conséquences. À moins d'un tel acte d'humilité, sa sobriété — s'il en a — demeurera précaire. De véritable bonheur, il n'en trouvera pas du tout. Comme le confirme hors de tout doute une vaste expérience, c'est une des réalités des AA. Le principe voulant que nous ne puissions pas trouver de force durable à moins d'admettre notre défaite totale est le germe profond qui a permis à notre Mouvement de naître et de s'épanouir.

Devant le défi de nous avouer vaincus, la plupart d'entre nous se sont révoltés. Nous nous sommes adressés aux AA dans l'espoir d'y retrouver la confiance en nous-mêmes. Et maintenant, on nous disait que face à l'alcool, la confiance en soi ne valait absolument rien ; en fait, c'était le handicap suprême. Nos parrains nous ont expliqué que nous étions victimes d'une obsession si puissante et si subtile qu'aucune volonté ne pouvait la vaincre. Il est tout simplement impossible, disaient-ils, de maîtriser tout seul une telle hantise par la seule force de la volonté. Et comme pour ajouter à notre confusion, nos parrains insistaient sur notre vulnérabilité devant l'alcool : une véritable allergie, disaient-ils. L'alcool, ce tyran, brandissait contre nous un glaive à deux tranchants : nous étions affligés non seulement d'une folle hantise qui nous rivait à notre habitude, mais aussi d'une allergie physique dont le résultat ultime et assuré était, du même coup, notre complète destruction. Bien rares, en effet, étaient ceux qui avaient soutenu seuls ce combat et en étaient sortis vainqueurs. Les statistiques pouvaient le démontrer : les alcooliques n'arrivent presque jamais à se rétablir par eux-mêmes. Et il en était ainsi, semble-t-il, depuis que l'homme a commencé à presser le fruit de la vigne.

Aux premiers jours du Mouvement, seuls les cas les plus désespérés acceptaient d'avaler et de digérer cette amère vérité. Même ceux qui en étaient presque à leur dernier soupir avaient souvent du mal à reconnaître à quel point ils étaient effectivement irrécupérables. Néanmoins, certains l'ont fait et une fois agrippés aux principes des AA avec autant de frénésie qu'un noyé se cramponne à une bouée de sauvetage, ils se sont presque tous rétablis. C'est pour cette raison que la première édition de *Alcoholics Anonymous*, parue à l'époque où nous avions bien peu de membres, ne parlait que des cas extrêmes. Plusieurs alcooliques moins mal en point s'adressaient aux AA mais sans succès, parce qu'ils ne pouvaient faire cet aveu d'impuissance.

Heureusement, la situation a bien changé au cours des années suivantes. Des buveurs qui jouissaient encore d'une bonne santé, qui avaient toujours leur famille, leur emploi et même deux voitures dans leur garage, commençaient à s'apercevoir qu'ils étaient alcooliques. Grâce à cette évolution, des jeunes gens qui n'étaient guère plus que des alcooliques en puissance se joignirent à eux, s'épargnant ainsi les dix ou quinze années d'enfer que nous avions connues. Puisque la Première Étape exige de reconnaître la perte de la maîtrise de sa vie, comment ces personnes pouvaient-elles franchir cette Étape ?

De toute évidence, il nous fallait élever le niveau du bas-fond que nous avions touché pour qu'ils puissent s'identifier. En revenant sur notre passé de buveurs, nous pouvions démontrer que nous avions perdu le contrôle de nos vies bien avant de nous en rendre compte et que même à cette époque, nous n'en étions pas à une simple habitude de boire : c'était en fait le début d'une progression fatale. Au sceptique, nous répondions : « Vous n'êtes peut-être pas alcoolique après tout. Pourquoi ne pas essayer de boire modérément pour un temps, mais sans oublier ce que nous vous avons dit au sujet de l'alcoolisme ? » Cette attitude produisait sans délai des résultats tangibles. Nous avons découvert que si un alcoolique expliquait à un autre la vraie nature de sa maladie, ce dernier n'était plus jamais le même. Après chaque cuite, il se répétait : « Ces AA avaient peut-être raison... » Après quelques expériences du genre, et souvent bien avant l'apparition de complications extrêmes, il abdiquait et revenait chez nous. Tout comme nous, il avait vraiment touché son bas-fond. La dive bouteille était devenue notre meilleur avocat.

Pourquoi tant insister sur la nécessité pour chaque membre des AA de toucher son bas-fond ? Parce que sinon, bien peu de gens entreprendront sincèrement de mettre en pratique le programme des AA. La pratique des onze autres Étapes des AA oblige à des attitudes et à des gestes que ne sauraient imaginer la plupart des alcooliques qui boivent encore. Qui veut être parfaitement tolérant et honnête ? Qui tient à avouer ses fautes à une autre personne et à réparer le mal qu'il a fait ? Qui s'intéresse le moindrement à une Puissance supérieure, sans parler de la méditation et de la prière ? Qui est prêt à sacrifier son temps et son énergie pour tenter de transmettre le message des AA à un autre alcoolique ? Non, l'alcoolique, généralement égoïste à l'extrême, n'a aucune inclination en ce sens — à moins d'y être obligé pour sauver sa propre vie.

Sous le fouet de l'alcoolisme, nous sommes entraînés vers les AA et c'est là que nous découvrons le caractère fatal de notre état. Alors, et alors seulement pouvons-nous, à l'exemple des mourants, ouvrir notre esprit et accepter d'écouter. Nous sommes désormais prêts à tout pour nous libérer de cette impitoyable obsession.

Deuxième Étape

« Nous en sommes venus à croire qu'une Puissance supérieure à nous-mêmes pouvait nous rendre la raison. »

DÈS qu'ils lisent la Deuxième Étape des AA, la plupart des nouveaux font face à un dilemme parfois très sérieux. Que de fois en avons-nous entendu se plaindre ainsi : « Regardez ce que vous nous avez fait ! D'abord vous nous persuadez que nous sommes des alcooliques et que nous avons perdu la maîtrise de notre vie. Puis, nous ayant réduits à cet état d'impuissance absolue, vous nous annoncez que seule une Puissance supérieure peut nous délivrer de notre obsession. Or, il s'en trouve parmi nous qui *refusent* de croire en Dieu, d'autres qui ne le peuvent pas, et d'autres encore qui croient sans doute que Dieu existe mais doutent sincèrement qu'Il veuille accomplir ce miracle. Oui, vraiment, vous nous avez bien eus. Mais maintenant, où va-t-on ? » Arrêtons-nous d'abord à celui qui refuse la foi — le rebelle. Il est dans tous ses états, en furie : il n'y a pas d'autre mot pour le dire. Toute sa philosophie de la vie, dont il était si fier, est maintenant menacée. C'est déjà bien assez pénible, se dit-il, d'admettre que l'alcool a eu le dessus sur lui. Mais voilà qu'encore blessé par cet aveu, il fait face à une montagne insurmontable. Il lui tient tellement à cœur de penser que l'être humain, sorti majestueusement d'une cellule unique du limon originel, est désormais le fer de lance de l'évolution et donc le seul dieu que connaisse son univers ! Doit-il, pour survivre, renoncer à tout cela !

Cette situation dramatique ne réussit ordinairement qu'à faire sourire son parrain. C'est la goutte qui fait déborder le vase, se dit le nouveau, le début de la fin ! Effectivement, c'est le début de la fin de son ancienne vie et le commencement d'une vie nouvelle. Son parrain lui dira sans doute : « Cesse de t'en faire. Le cerceau dans lequel tu dois sauter est bien plus grand que tu penses. Du moins, c'est ce que j'ai constaté avec un de mes amis qui fut jadis vice-président de l'Association américaine des athées. Il est passé à travers le cerceau sans aucune difficulté. »

— « Bon, dira le nouveau, je ne doute pas que tu me dises la vérité et qu'assurément, chez les AA, il y a plein de gens qui ont déjà pensé comme moi. Mais comment faire au juste pour « ne pas s'en faire » dans de telles conditions ? C'est ce que je voudrais savoir. »

— « Bonne question, en effet, reconnaît le parrain. Je crois pouvoir t'aider à apaiser ton inquiétude sans trop d'efforts de ta part. Retiens les trois points suivants : premièrement, les Alcooliques anonymes n'obligent personne à croire. Chacune des Douze Étapes ne sont que des suggestions. Deuxièmement, pour devenir sobre et le rester, il n'est pas nécessaire de s'attaquer d'un seul coup et immédiatement à la Deuxième Étape. Je me rappelle y être allé moi-même très graduellement. Troisièmement, il suffit vraiment d'avoir l'esprit ouvert. Oublie les matières à controverse et cesse de t'interroger à savoir qui, de l'œuf ou de la poule, est apparu le premier. Je te le répète : tout ce qu'il te faut, c'est un esprit ouvert. »

Le parrain poursuit alors en disant : « Prends mon cas, par exemple. J'ai eu une formation scientifique. Conséquemment, j'avais du respect, de la vénération, et même un culte pour la science. Je n'ai pas changé, sauf en ce qui concerne le culte. Mes professeurs m'ont souvent remis sous les yeux le principe de base de tout progrès scientifique : chercher, chercher encore et toujours, en toute objectivité. À mon premier contact avec les AA, j'ai eu tout à fait la même réaction que toi. Toute cette affaire des AA, me disais-je, n'est pas scientifique pour un sou. Je ne marche tout simplement pas. Je refuse de m'arrêter à de telles absurdités.

Mais je me suis réveillé. J'ai dû admettre que les AA s'appuyaient sur des résultats, des résultats prodigieux. Je voyais bien que mon attitude à cet égard n'avait rien de scientifique. Ce n'étaient pas les AA mais bien moi qui manquais d'ouverture d'esprit. Dès que j'ai cessé d'argumenter, j'ai commencé à voir, à éprouver des choses. Aussitôt, en douceur et petit à petit, la Deuxième Étape a commencé à s'infiltrer dans ma vie. Je ne puis préciser dans quelle circonstance ni à quel jour je me suis mis à croire en une Puissance supérieure à moi-même, mais aujourd'hui, il est certain que cette foi, je l'ai. Pour l'acquérir, il m'a suffi de baisser les armes et d'appliquer le reste du programme des AA avec autant d'enthousiasme que possible.

Bien sûr, tu n'as là que l'opinion d'un seul homme et elle ne s'appuie que sur ma propre expérience. Je dois tout de suite t'assurer que, dans leur recherche de la foi, les membres des AA suivent une très grande variété de cheminements. Si celui que je t'ai suggéré ne t'intéresse pas, tu en découvriras sûrement un autre qui te convient, pourvu que tu saches écouter et regarder. Bien des gens comme toi ont commencé à solutionner leur problème par la méthode de la substitution. Si tu veux, tu peux faire du Mouvement ta « puissance supérieure ». Voici en effet un rassemblement de très nombreuses personnes qui ont surmonté leur problème d'alcool. Vu ainsi, il s'agit sûrement d'une puissance supérieure à toi-même, qui seul, n'est jamais même venu près de réussir. Tu peux sûrement avoir foi en elles. Même ce tout petit peu de foi peut suffire. Tu vas rencontrer plus d'un membre qui a ainsi franchi le seuil. Ils te diront tous qu'une fois qu'ils l'ont passé, leur foi a grandi et s'est approfondie. Soulagés de leur obsession alcoolique et incapables de s'expliquer la transformation de leur vie, ils en sont venus à croire en une Puissance supérieure et, dans la plupart des cas, à mentionner le nom de Dieu. »

Prenons maintenant le cas de ceux qui ont déjà eu la foi mais qui l'ont perdue. Vous en verrez qui ont glissé dans l'indifférence, d'autres qui, pleins d'eux-mêmes, ont coupé tous les ponts, d'autres qui ont nourri des préjugés contre la religion, et d'autres enfin qui ont nettement adopté une attitude de défi parce que Dieu n'a pas daigné exaucer leurs vœux. Leur expérience permet-elle aux AA de dire à tous ces gens qu'ils peuvent retrouver une foi qui « fonctionne » ?

La méthode des AA pose parfois plus de difficultés à ceux qui ont perdu ou rejeté la foi qu'à ceux qui ne l'ont jamais eue, car les premiers ont l'impression d'avoir déjà fait l'expérience de la foi sans obtenir les résultats attendus. Ils ont vécu un temps avec la foi et un temps sans la foi. Comme les deux méthodes les ont amèrement déçus, ils en ont déduit qu'il n'y avait plus aucune avenue pour eux. L'indifférence, l'illusion de pouvoir se suffire à soi-même, les préjugés et l'attitude de défi envers Dieu construisent chez ces gens des blocages qui se révèlent parfois bien plus solides et bien plus redoutables que les objections des agnostiques indécis ou même des athées militants. La religion soutient qu'il est possible de démontrer l'existence de Dieu ; l'agnostique prétend que c'est *impossible* ; et l'athée affirme détenir la preuve que Dieu n'existe pas. De toute évidence, c'est un dilemme qui jette dans la plus profonde confusion celui qui s'est éloigné de la foi. Il se croit à tout jamais privé du réconfort d'avoir une quelconque conviction. Il ne peut partager la moindre parcelle de certitude ni du croyant, ni de l'agnostique, ni de l'athée. Il est désorienté.

À celui qui va ainsi à la dérive, plusieurs membres des AA pourraient dire : « Oui, nous aussi, nous nous étions beaucoup éloignés de la foi de notre enfance. C'est contre la naïve crédulité de l'enfance que nous en avions. Évidemment, nous étions reconnaissants des valeurs que nous avaient données une bonne famille et une bonne éducation religieuse. Nous étions encore convaincus qu'il fallait être raisonnablement honnête, tolérant et juste, qu'il fallait avoir de l'ambition et travailler fort. Et nous nous sommes convaincus que ces simples règles d'honnêteté et de décence suffisaient.

« Et lorsque nous avons connu le succès matériel qui n'avait d'autre base que ces qualités élémentaires, nous avons eu l'impression de bien réussir au jeu de la vie. C'était grisant, et nous en étions très heureux. Pourquoi faudrait-il nous embarrasser d'abstractions théologiques et d'obligations religieuses, ou nous inquiéter de l'état de notre âme, ici ou ailleurs ? La réalité était bien suffisante pour nous. Mais voilà : l'alcool s'est mis de la partie. À la fin du compte, quand nos marques furent réduites et que toute nouvelle erreur menaçait de nous retirer du match à tout jamais, nous avons dû nous remettre en quête de la foi que nous avions perdue. C'est chez les AA que nous l'avons retrouvée. Tu peux en faire autant, toi aussi. »

Nous en arrivons à un autre genre de problème, celui de l'homme ou de la femme qui, en vertu de positions intellectuelles, n'entendent compter que sur eux-mêmes. À ceux-là, les AA peuvent dire : « Oui, nous étions comme vous — trop futés pour que cela nous aide. Nous aimions passer pour des avant-gardistes. En prenant soin de ne pas le laisser paraître, nous prenions appui sur notre instruction pour nous gonfler d'orgueil. Nous avions la secrète conviction de pouvoir flotter au-dessus du reste du monde par la seule puissance de notre intelligence. Le progrès scientifique nous laissait croire que rien n'est impossible à l'homme. La connaissance était toute-puissante. L'intelligence pouvait dominer la nature. Comme nous étions plus brillants que la majorité des gens (c'était du moins notre avis), il nous suffisait de penser pour récolter les fruits du succès. Le dieu de l'intelligence avait supplanté le Dieu de nos pères. Mais la bouteille avait de tout autres vues. Nous, qui avions le succès si facile, nous retrouvions au rang des éternels perdants. Nous avons constaté qu'il nous fallait réviser nos positions ou faire face à la mort. Chez les AA, nous en avons rencontré plusieurs qui avaient déjà pensé comme nous. Ils nous ont aidés à nous ramener à notre vrai niveau. Par l'exemple, ils nous ont fait comprendre que l'intelligence et l'humilité ne sont pas incompatibles, à condition de donner à l'humilité la pre-

mière place. En agissant ainsi, nous avons reçu le don de
la foi, une foi qui produit des résultats. Cette foi, elle vous
est offerte, à vous aussi. »

Parmi les membres, une autre catégorie pourrait s'exprimer ainsi : « Nous étions carrément dégoûtés de la religion
et de son enseignement. La Bible, à notre avis, était rem-
plie d'absurdités : nous pouvions les citer au chapitre et au
verset, mais nous ne pouvions pas croire à la réalisation
des Béatitudes. Sa morale était bonne ou mauvaise à l'excès ; il était donc impossible de la suivre. Mais c'était
surtout la moralité des bigots qui nous révoltait. Nous
dénoncions à haut cris l'hypocrisie et la fausse dévotion de
tant de « fidèles », surtout le dimanche. Combien nous
aimions dénoncer le fait que des millions de « pieuses
bonnes gens » continuent de s'entretuer au nom de Dieu.
Tout cela signifiait, bien sûr, que nous avions adopté une
attitude négative plutôt que positive. Une fois arrivés chez
les AA, nous avons dû reconnaître qu'une telle façon de
penser flattait notre ego. En soulignant les travers de certains dévots, nous pouvions nous donner l'impression de
leur être supérieurs. Pire encore, nous pouvions ainsi
éviter d'examiner nos propres faiblesses. L'hypocrisie,
que nous dénoncions avec tant de mépris chez les autres,
était justement notre plus grand défaut. Cette fausse res-
pectabilité nous a perdus au plan de la foi. Mais nous
avons été entraînés vers les AA et nous avons appris
mieux que cela.

« Comme l'ont souvent observé les psychiatres, l'attitude de défi est la caractéristique prépondérante de beaucoup d'alcooliques. Il n'est donc pas étonnant qu'un grand
nombre d'entre nous en soient venus un jour à défier Dieu
lui-même. Parfois c'était parce que Dieu n'avait pas dai-

gné nous offrir toutes les douceurs de la vie que nous lui avions spécifiquement demandées, à la façon dont les enfants gâtés adressent des listes de cadeaux irréalistes au Père Noël. Le plus souvent cependant, nous avons essuyé une très dure épreuve et n'avions pu tenir le coup parce que, à nos yeux, Dieu nous avait abandonnés. La femme que nous voulions épouser avait d'autres projets : nous avons prié Dieu de la faire changer d'avis, mais elle n'en a rien fait. Nous avons demandé des enfants en santé et nous en avons eu qui étaient malades, ou n'en avons pas eu du tout. Nous avons prié pour obtenir de l'avancement et il ne nous en est pas venu. Des êtres que nous aimions profondément nous furent ravis par la soi-disant volonté de Dieu. Puis nous sommes devenus ivrognes et nous avons demandé à Dieu de nous arrêter de boire. Mais il ne s'est rien produit. C'était la plus grande cruauté de toutes. « Au diable la foi ! », avons-nous déclaré. « Lorsque nous avons connu les AA, la fausseté de cette attitude de défi nous est apparue. Jamais nous n'avions cherché à savoir ce qu'était la volonté de Dieu pour nous ; au contraire, nous n'avions pas cessé de Lui dire ce qu'elle devrait être. Nous avons pris conscience que personne ne peut en même temps croire en Dieu et Le mettre au défi. Croire, c'est se fier, non pas défier. Chez les AA, nous avons vu les fruits de cette foi, c'est-à-dire des hommes et des femmes qui s'étaient épargné la catastrophe définitive de l'alcool. Nous les avons vus affronter et surmonter leurs autres épreuves et malheurs. Nous les avons vus accepter calmement des situations impossibles sans chercher à fuir ou à récriminer. Ce n'était pas une foi superficielle ; c'était une foi agissante en toutes circonstances. Nous avons bientôt décidé que si l'humilité, à quelque degré que ce soit, était le prix à payer, nous paierions. »

Prenons maintenant le cas du croyant qui sent l'alcool à plein nez. Il se croit très pieux. En matière d'observance religieuse, il est scrupuleux. Il est certain de croire en Dieu, mais il a le vague sentiment que Dieu ne croit pas en lui. Il fait promesses sur promesses. Après, non seulement boit-il à nouveau, mais il se conduit encore plus mal que la fois précédente. Il tente vaillamment de combattre l'alcool, il implore le secours de Dieu, mais le secours ne vient pas. Qu'est-ce qui ne va pas ?

Pour les membres du clergé, les médecins, les amis et les proches, cette situation de l'alcoolique bien intentionné qui fait de gros efforts demeure une énigme déchirante. Ce ne l'est pas pour la plupart des AA. Il y en a trop parmi nous qui étaient dans la même situation et qui ont trouvé la solution. C'est une question de qualité de foi, plutôt que de quantité. Voilà où nous nous trompions. Nous imaginions avoir de l'humilité alors que nous n'en avions pas. Nous nous croyions très appliqués dans nos pratiques religieuses, mais après une sérieuse évaluation, nous avons constaté que nous étions seulement superficiels. Ou encore, à l'autre extrême, nous avions versé dans le sentimentalisme en le confondant avec le sentiment religieux authentique. Dans les deux cas, nous voulions obtenir quelque chose en ne donnant rien. En réalité, nous n'avions pas vraiment fait maison nette pour permettre à la grâce de Dieu d'y entrer et d'en chasser l'obsession. Jamais nous n'avions fait d'inventaire personnel profond et sérieux, jamais nous n'avions fait réparation aux personnes que nous avions lésées, jamais nous n'avions donné gratuitement à un autre être humain sans exiger de rétribution. Nous n'avions même pas prié de la bonne manière. Nous avions toujours répété : « Réponds à mes désirs » au lieu de dire : « Que ta volonté soit faite ». Nous n'avions jamais rien compris à l'amour de Dieu et à l'amour du prochain. Nous étions donc toujours déçus et donc incapables de recevoir la grâce qui nous rendait la raison.

Ils sont rares en effet les alcooliques qui ont quelque notion de leur manque de logique, ou qui, l'ayant constaté, ont eu le courage d'y faire face. Quelques-uns se reconnaîtront comme « buveurs problèmes », mais ne supporteront pas l'idée qu'ils soient mentalement malades. L'aveuglement de leur condition est provoqué par la société qui ne sait pas faire la distinction entre alcoolisme et consommation normale d'alcool. « Avoir la raison », c'est être « sain d'esprit ». Pourtant, aucun alcoolique ne peut se dire « sain d'esprit » quand une fois sobre, il analyse sa conduite passée, qu'il ait détruit le mobilier de la salle à manger ou sa propre moralité.

Ainsi donc, la Deuxième Étape constitue notre point de ralliement à tous. Agnostiques, athées ou anciens croyants, nous pouvons tous nous y retrouver. L'humilité authentique et l'ouverture d'esprit peuvent nous conduire à la foi, et chaque réunion des AA nous offre l'assurance que Dieu nous rendra la raison si nous établissons avec Lui des rapports sains.

Troisième Étape

« Nous avons décidé de confier notre volonté et nos vies aux soins de Dieu tel que nous Le concevions. »

PRATIQUER la Troisième Étape équivaut à ouvrir une porte qui, de toute apparence, est encore fermée à clef. Il suffit d'avoir la clef et de prendre la décision d'ouvrir grand. Quant à la clef, il n'y en a qu'une et c'est notre bonne volonté. Une fois déverrouillée par notre bonne volonté, la porte s'ouvre presque toute seule, et en regardant par l'ouverture, on aperçoit un sentier avec une inscription en bordure : « Voici le chemin à prendre pour acquérir une foi efficace ». Dans les deux premières Étapes, on nous invitait à la réflexion. Nous avons découvert que nous étions impuissants devant l'alcool mais nous avons aussi perçu qu'une certaine foi, ne serait-ce que la foi au Mouvement lui-même, est accessible à tout le monde. Ces constatations n'exigeaient pas de passer aux actes ; elles ne demandaient que d'admettre.

Comme toutes les autres qui la suivent, la Troisième Étape amène à une action positive, car seule l'action pourra nous détacher de cette volonté propre qui a toujours bloqué l'entrée de Dieu dans nos vies — ou d'une Puissance supérieure, si vous préférez. La foi, c'est certain, est indispensable, mais la foi seule ne peut servir à rien. Nous pouvons avoir la foi et continuer de fermer à Dieu la porte de notre vie. La difficulté consiste donc maintenant à bien savoir comment et par quels moyens précis nous pourrons

Le laisser entrer. C'est par la Troisième Étape que nous faisons une première tentative. À vrai dire, l'efficacité de toute la méthode des AA reposera sur la qualité et la fermeté de notre « décision de confier notre volonté et notre vie aux soins de Dieu *tel que nous Le concevions.* »

Pour tout nouveau membre à l'esprit pratique, cette Troisième Étape apparaît difficile, voire même impossible. On a beau le vouloir de toutes ses forces, comment *peut-on* faire exactement pour confier sa volonté et sa vie aux soins de ce Dieu dont on reconnaît l'existence ? Par bonheur, nous en avons fait l'expérience, en y croyant tous plus ou moins, et nous pouvons attester que n'importe qui, vraiment n'importe qui, peut s'y abandonner. Nous pouvons même ajouter qu'un tout petit pas, même le plus modeste, est largement suffisant. Dès que nous avons mis dans la serrure la clef de notre bonne volonté et que la porte s'est le moindrement ouverte, il est toujours possible de l'ouvrir encore davantage. C'est ce que nous avons constaté. Il peut arriver que, par un élan de notre volonté propre, la porte se referme violemment, comme c'est souvent le cas, mais elle cédera toujours une fois de plus dès que nous reprendrons la clef de la bonne volonté.

Tout cela peut paraître mystérieux et lointain, un peu comme la théorie de la relativité d'Einstein ou un théorème de physique nucléaire. Il n'en est rien. Regardons ensemble combien c'est facile en réalité. Hommes ou femmes, tous ceux qui ont joint les rangs des AA avec l'intention d'y rester, ont déjà, sans s'en rendre compte, franchi le pas de la Troisième Étape. N'est-il pas exact que pour tout ce qui touche l'alcool, chacun d'eux a décidé de placer sa vie sous les soins, la protection et les bons conseils des Alcooliques anonymes ? C'est déjà un geste de bonne volonté que d'abandonner, en ce qui a trait à l'alcool, sa volonté et ses positions personnelles pour adopter les suggestions des AA. Tous les nouveaux qui sont bien disposés sont persuadés qu'il n'existe pas pour leur navire fatigué d'autre port de salut que le Mouvement. Eh bien ! si ce n'est pas là confier sa volonté et sa vie à la Providence telle qu'on vient de la découvrir, qu'est-ce que c'est ?

Mais on imagine bien que l'instinct de conservation va encore se rebeller. Et il n'y manquera pas : « D'accord, en ce qui concerne l'alcool, je suppose que je dois m'en remettre aux AA, mais dans tout le reste, je dois conserver mon indépendance. Rien ne saurait me réduire à l'état de nullité. Si je persiste à confier ma vie et ma volonté à Quelqu'un ou à Quelque Chose, que vais-je devenir ? Je ne serai plus guère que le trou du beigne. » C'est toujours ainsi que l'instinct et la logique entrent en jeu pour maintenir le culte de soi et ainsi retarder le progrès spirituel. L'ennui, c'est que cette attitude ne tient pas vraiment compte de la réalité. Et la réalité semble indiquer que plus nous acceptons de dépendre d'une Puissance supérieure, plus nous devenons vraiment indépendants. La dépendance, par conséquent, telle que les AA la pratiquent, est vraiment un moyen d'acquérir une authentique indépendance de l'esprit.

Prenons un instant pour examiner cette question de la dépendance dans la vie de tous les jours. Il est renversant de constater à quel point nous sommes dépendants et combien nous en sommes inconscients. Dans chaque maison moderne, un réseau de fils électriques apporte le courant et la lumière. Nous sommes ravis de cette dépendance : nous espérons seulement que rien ne viendra couper le courant. En acceptant ainsi notre dépendance envers cette merveille de la science, nous nous retrouvons plus indépendants personnellement. Et en plus, nous jouissons d'un meilleur confort et d'une plus grande sécurité. Le courant se rend exactement aux endroits voulus. Fidèlement et sans bruit, l'électricité, cette énergie étrange dont bien peu de gens comprennent la nature, répond à nos besoins quotidiens les plus courants comme à nos besoins les plus désespérés. Demandez-le aux victimes de la polio qui sont enfermées dans un poumon d'acier et qui s'en remettent en toute confiance à un moteur pour entretenir dans leur corps le souffle de la vie.

Mais dès que notre autonomie intellectuelle ou émotive est remise en cause, comme nous changeons d'attitude ! Avec quelle obstination nous invoquons le droit de choisir nous-mêmes le cours de nos pensées et de nos actes ! Bien sûr, nous pèserons le pour et le contre de toute question. Nous écouterons poliment tous ceux qui voudraient nous donner des conseils, mais nous prendrons seuls toutes les décisions. Dans ces domaines, personne ne viendra attenter à notre indépendance personnelle. D'ailleurs, nous sommes convaincus de n'avoir personne à qui faire vraiment confiance. Nous avons la certitude que notre intelligence, soutenue par la force de notre volonté, peut fort bien conduire notre vie intérieure et nous assurer le succès dans ce monde où nous vivons. Cette philosophie courageuse, qui donne à chacun le rôle de Dieu, se défend bien en paroles, mais elle doit encore subir l'épreuve décisive : est-elle vraiment efficace ? Un coup d'œil attentif dans le miroir devrait suffire à tout alcoolique pour trouver la bonne réponse.

Si le miroir lui renvoie une image trop répugnante (ce qui est ordinairement le cas), il pourrait se tourner vers les gens normaux et observer les résultats de ce genre d'autonomie. Partout, il voit des gens pleins de haine et de peur, une société éclatée en mille morceaux. Chaque morceau accuse l'autre : « Nous avons raison, vous avez tort ». Et le plus fort impose sa volonté aux autres. Partout, le même phénomène se reproduit à l'échelle individuelle. Ce gigantesque exercice n'a réussi, somme toute, qu'à faire fondre la paix et la fraternité. Cette philosophie autonomiste ne rapporte rien qui vaille. Manifestement, il s'agit d'un infâme rouleau compresseur qui ne laisse que ruines derrière lui.

Nous, qui sommes alcooliques, pouvons vraiment nous estimer heureux. Nous avons failli passer sous ce rouleau compresseur qu'est la volonté propre, et elle nous a tous assez fait souffrir pour consentir à chercher une meilleure formule. C'est donc par les circonstances plutôt que par vertu que nous avons été entraînés vers les AA, que nous avons avoué notre défaite, que nous avons acquis les rudiments de la foi et que nous nous décidons maintenant à confier notre volonté et notre vie à une Puissance supérieure.

Nous savons bien que le mot « dépendance » répugne aux psychiatres et aux psychologues tout autant qu'aux alcooliques. Tout comme nos amis du monde professionnel, nous sommes bien conscients qu'il existe des dépendances nocives. Nous en connaissons plusieurs par expérience. Par exemple, chez l'adulte, homme ou femme, il ne devrait jamais exister de dépendance émotive excessive envers un parent. L'adulte devrait être sevré depuis longtemps et sinon, il serait temps qu'il s'en rende compte. Ce genre de dépendance indue a précisément incité plus d'un alcoolique récalcitrant à conclure que les dépendances, sous une forme ou sous une autre, sont forcément cause d'intolérables inconvénients. Or, jamais la dépendance envers un groupe des AA ou envers une Puissance supérieure n'a produit de conséquences désastreuses.

Lorsque la deuxième guerre mondiale a éclaté, la dépendance du mouvement des AA envers une Puissance supérieure a été mise pour la première fois à rude épreuve. Des membres des AA dans les forces armées ont été dispersés à travers le monde. Sauraient-ils se soumettre à la discipline, ne pas flancher sous le feu de l'ennemi et supporter la monotonie et la désolation de la guerre ? La dépendance qu'ils avaient apprise chez les AA saurait-elle les soutenir jusqu'au bout ? Eh bien ! oui. Il leur est même arrivé moins de rechutes et de crises émotives qu'aux membres restés chez eux à l'abri du feu. Ils ont fait preuve d'autant de résistance et de courage que les autres soldats. En Alaska ou au débarquement de Salerne, leur dépendance envers une Puissance supérieure a produit ses effets. Et bien loin d'être un handicap, cette dépendance était leur principale source de force.

Alors que doit encore faire au juste celui qui est disposé à confier sa vie et sa volonté à une Puissance supérieure ? Il a déjà fait une ouverture, comme nous avons vu, quand il a commencé à s'en remettre aux AA pour la solution de son problème d'alcool. Mais en ce moment, selon toute probabilité, il est bien conscient d'avoir d'autres problèmes que l'alcool et que certains d'entre eux résistent encore à toutes les ressources que sa détermination et son courage personnels peuvent mobiliser. Pas moyen de les déloger : il en est affreusement malheureux et sa toute jeune sobriété en est menacée. Quand il pense à son passé, notre ami croule sous le remords et la culpabilité. Il cède encore à l'amertume quand lui vient le sombre souvenir des personnes qu'il déteste ou qu'il envie. Son insécurité financière l'inquiète et le rend malade, et il s'affole en réalisant qu'à cause de l'alcool, il s'est coupé tant de ponts vers la sécurité. Et comment pourra-t-il jamais sortir de l'affreux pétrin qui lui a coûté l'affection de sa famille et l'en a séparé ? Sans aide et par son seul courage, il n'y arrivera jamais. Hors de tout doute, il doit maintenant compter sur Quelqu'un ou Quelque Chose.

Au début, ce « quelqu'un » sera probablement son meilleur ami chez les AA. Il se rassure en pensant que tous ses tracas, rendus plus pénibles encore parce qu'il ne peut en noyer la douleur dans l'alcool, finiront par se régler eux aussi. Naturellement, son parrain fait remarquer à notre ami que malgré sa sobriété, la maîtrise de sa vie lui échappe et qu'après tout, c'est à peine s'il a entamé le programme des AA. Il est excellent d'avoir cultivé sa sobriété en faisant l'aveu de son alcoolisme et en participant à quelques réunions, mais tout cela le laisse évidemment très loin d'une sobriété permanente et d'une vie heureuse et utile. C'est précisément à ce point que doivent intervenir les autres Étapes du programme des AA. Pour atteindre le résultat tant espéré, il ne faut rien de moins qu'une application soutenue à l'exercice de ces Étapes, jusqu'à en faire un véritable mode de vie.

On explique ensuite à l'alcoolique qu'il est impossible de pratiquer avec succès les autres Étapes du programme des AA sans s'être d'abord attaqué à la Troisième avec détermination et ténacité. Ce langage peut surprendre les nouveaux à qui, jusque-là, on n'avait appris qu'à rabattre sans cesse leurs prétentions et à se convaincre toujours davantage de la totale inefficacité de la volonté humaine. Ils s'étaient persuadés, et avec raison, que non seulement l'alcoolisme, mais aussi plusieurs autres problèmes peuvent solidement résister aux plus fougueux assauts d'un seul combattant. Et maintenant, il semblerait qu'il y a certaines choses que seul le nouveau peut faire. Sans le soutien de personne, et en fonction de sa situation particulière, il doit encore améliorer la qualité de ses bonnes dispositions. Quand il y sera parvenu, il sera la seule personne à pouvoir prendre la décision de faire les efforts voulus. Tout cet exercice relève de sa volonté. Chacune des Douze Étapes exige une application personnelle soutenue à se conformer aux principes qu'elles contiennent et aussi, croyons-nous, à la volonté de Dieu.

Nous commençons à bien utiliser notre volonté lorsque nous essayons de la rendre conforme à la volonté de Dieu. Pour nous tous, ce fut une merveilleuse révélation. *Tous nos ennuis venaient du mauvais usage de notre volonté. Nous tentions de la canaliser sur nos problèmes au lieu d'essayer de l'aligner sur les intentions de Dieu à notre égard.* Rendre notre volonté de plus en plus conforme à celle de Dieu, tel est le but des Douze Étapes des AA, et c'est la Troisième Étape qui ouvre la voie.

Enfin parvenus à nous mettre en accord avec ces idées, il est vraiment facile de se lancer dans la pratique de la Troisième Étape. Dans tous nos moments d'indécision ou d'agitation émotive, nous pouvons faire une pause, chercher un peu de tranquillité et, dans le calme, faire cette simple prière : « Mon Dieu, donnez-moi la sérénité d'accepter les choses que je ne peux changer, le courage de changer celles que je peux, et la sagesse d'en connaître la différence. Que ta volonté soit faite et non la mienne. »

Quatrième Étape

« Nous avons courageusement procédé à un in-
ventaire moral, minutieux de nous-mêmes. »

C'E n'est pas sans raison que la nature nous a dotés
d'instincts. Sans eux, nous serions des êtres humains
incomplets. Si les hommes et les femmes ne recherchaient
pas leur sécurité personnelle, s'ils ne faisaient aucun effort
pour se procurer à manger et se construire des abris, personne ne pourrait survivre. S'ils refusaient de se reproduire, la terre serait dépeuplée. Si nous n'avions pas d'instinct
social et que les gens n'avaient pas le goût de vivre en
compagnie les uns des autres, il n'y aurait pas de société.
Ainsi donc, ces penchants que nous avons pour les relations sexuelles, pour la sécurité émotive et matérielle ainsi
que pour la vie en société, sont tout à fait nécessaires et
légitimes, et ce sont certainement des dons de Dieu.

Pourtant, ces instincts si nécessaires à la vie dépassent
souvent leur mandat. Par leur action puissante, aveugle et
souvent subtile, ils nous bousculent, nous dominent et s'é-
vertuent à gouverner notre vie. Notre recherche de satisfactions sexuelles, de sécurité émotive et matérielle, et
d'une place importante dans la société, finit souvent par
nous tyranniser. Quand ils sortent ainsi de leur orbite, les
instincts naturels de l'homme sont pour lui la source de
graves difficultés, de presque toutes ses difficultés. Aucun
être humain n'y échappe, si vertueux soit-il. La plupart des
problèmes émotifs, sinon tous, peuvent être attribués à la
déviation d'un instinct. Et quand une telle déviation se
produit, ces précieuses ressources naturelles que sont nos

instincts se changent en handicaps sur les plans physique et psychique.

La Quatrième Étape, c'est l'effort énergique que nous faisons avec application pour identifier dans notre cas personnel quels ont été et quels sont encore ces handicaps. Nous voulons repérer avec précision comment, quand et où nos penchants nous ont dégradés. Nous voulons regarder bien en face les malheurs qui en ont découlé pour les autres et pour nous-mêmes. En identifiant nos infirmités émotives, nous pouvons entreprendre de les corriger. À défaut de consentir cet effort de façon soutenue et empressée, nous ne pouvons guère trouver de bonheur et de sobriété. L'expérience d'une majorité de membres montre qu'à défaut d'un tel inventaire moral minutieux fait en toute confiance, il est impossible de parvenir à la foi qui change réellement notre vie de tous les jours.

Avant de nous attaquer en détail à la question de l'inventaire, examinons de plus près le problème de fond. En réfléchissant sur les exemples tout simples qui suivent, nous pouvons découvrir tout un monde. Prenons par exemple le cas d'une personne pour qui le désir sexuel prime sur tous les autres. Son besoin impérieux risque de compromettre sérieusement sa sécurité émotive et matérielle ainsi que sa position sociale. Un autre nourrira une telle obsession de la sécurité financière qu'il ne voudra rien faire d'autre que d'accumuler des biens. À la limite, il peut devenir avare, ou même un solitaire qui refuse les joies de l'amitié et de la vie familiale.

La recherche de sécurité ne se manifeste d'ailleurs pas toujours du côté de l'argent. Combien de gens craintifs ont résolu de se reposer entièrement sur les conseils et la protection d'une personne plus forte. Ces personnes, qui ne comptent pas sur leurs propres ressources pour faire face aux responsabilités de la vie, restent toujours des êtres immatures. Elles se condamnent à vivre dans la frustration et l'incapacité. Avec le temps, leurs protecteurs se retirent ou décèdent, et elles se retrouvent une fois de plus dans la solitude et la crainte.

Nous connaissons aussi des hommes et des femmes égarés par la soif du pouvoir et qui n'ont d'autre objectif que celui de dominer leurs semblables. Souvent, ces personnes laissent échapper toutes les occasions de parvenir à une légitime sécurité et à une vie familiale heureuse. Dès qu'un être humain est mû par ses instincts, il n'y a plus de paix possible.

Mais le danger ne s'arrête pas là. Chaque fois qu'une personne fait porter déraisonnablement le poids de ses instincts sur les autres, les ennuis ne tardent pas à suivre. Si, dans la poursuite de la richesse, on écrase sur son chemin les gens qui s'y trouvent, on ne manquera pas de provoquer colère, jalousie et vengeance. Les mêmes résultats seront obtenus si l'instinct sexuel est déchaîné. À force de réclamer des autres une trop large part d'attention, de protection et d'affection, on ne peut que provoquer, chez ces protecteurs eux-mêmes, la tendance à la domination et à la répulsion — deux sentiments tout aussi malsains que les pressions qui les ont fait naître. Lorsqu'une personne ne peut plus maîtriser sa soif de prestige, que ce soit au cercle de couture ou à une rencontre internationale, les autres en souffrent et souvent se révoltent. L'affrontement des instincts peut conduire à toutes les réactions, depuis l'accueil glacial jusqu'à la révolution ouverte. Dans toutes ces situations, nous sommes en conflit, non seulement avec nous-mêmes mais avec d'autres personnes qui ont aussi leurs instincts.

Plus que d'autres, les alcooliques devraient pouvoir se rendre compte que leur consommation néfaste d'alcool est attribuable au déchaînement d'un de leurs instincts. Nous avons bu pour noyer des sentiments de peur, de frustration et de découragement. Nous avons bu pour échapper au remords que nous laissaient nos passions, puis nous avons bu à nouveau pour en rallumer de nouvelles. Nous avons bu par vaine gloire — pour mieux savourer nos rêves insensés de grandeur et de puissance. Il n'y a rien de réjouissant à ausculter cette perversion de notre cœur malade. Les instincts débridés n'aiment pas qu'on les juge. Sitôt qu'on tente de les sonder plus profondément, on s'expose à subir de dures représailles.

Si, par tempérament, nous sommes enclins à la dépression, nous risquons d'être submergés par un sentiment de culpabilité et de dégoût de nous-mêmes. Nous nous vautrons dans la boue de ce marécage, non sans en tirer bien souvent une satisfaction à la fois déviée et malsaine. La poursuite morbide de cette triste activité peut nous plonger dans un désespoir si profond que seul l'oubli semble capable de nous en tirer. Il est bien évident qu'à ce point, nous avons perdu toute perspective et, du même coup, toute humilité véritable. Car nous avons ici l'image inversée de l'orgueil. Ce n'est pas du tout un inventaire moral : c'est exactement la démarche qui conduit si souvent les gens dépressifs vers l'alcool et la mort.

Si au contraire, nous sommes portés par inclination naturelle à nous complaire en nous-mêmes ou à rêver de prestige, nous aurons exactement les réactions opposées. Nous serons offensés que les AA nous suggèrent un inventaire. Avec fierté, nous évoquerons sans doute la bonne vie que nous menions avant d'être emportés par la bouteille. Nous soutiendrons que nos défauts de caractère, si tant est que nous en admettions, ont pour *cause* principale nos excès d'alcool. Ceci étant dit, nous en déduisons que la sobriété est la seule chose dont nous devons nous préoccuper, toujours et en tout temps. Nous croyons que nous retrouverons notre bon caractère d'antan dès que nous cesserons de boire. Puisque, l'alcool mis à part, nous étions du si bon monde sur toute la ligne, à quoi peut bien nous servir un inventaire moral maintenant que nous sommes abstinents ?

Pour nous épargner cet inventaire, nous nous accrochons à une autre splendide excuse. Toutes nos angoisses, tous nos problèmes, insistons-nous, sont causés par d'autres personnes, des gens qui ont *réellement* besoin d'un inventaire moral. Nous sommes convaincus que s'ils nous traitaient plus convenablement, tout irait pour le mieux. Nous croyons donc que notre indignation est légitime et logique, que notre ressentiment est « justifiable ». Les coupables, ce n'est pas *nous*. Ce sont *eux* !

À ce stade de notre démarche d'inventaire, le parrain vient à la rescousse. Il en est capable, car il est porteur de l'expérience éprouvée qu'ont les AA en matière de Quatrième Étape. Il réconforte le membre en lui faisant voir que son cas n'a rien de bizarre ni d'exclusif, que ses défauts de caractère ne sont probablement ni plus nombreux ni plus graves que ceux de tout autre membre des AA. Et pour en donner rapidement la preuve, le parrain décrit volontiers, avec simplicité et sans prétention, ses propres défauts anciens et actuels. Cette façon calme et pourtant réaliste de faire son inventaire est extrêmement rassurante. Le parrain fait sans doute remarquer au nouveau qu'il possède des qualités qu'il peut inscrire à côté de ses déficiences. Cette remarque est de nature à diminuer sa tristesse maladive et à lui apporter un peu plus d'équilibre. Dès qu'il devient plus objectif, le nouveau peut procéder à l'examen de ses propres défauts avec courage plutôt que dans la crainte.

Devant le nouveau qui se croit dispensé d'un inventaire, le parrain fait face à un problème bien différent, car les gens qui sont ainsi gonflés d'orgueil se cachent leurs faiblesses à eux-mêmes. Ces nouveaux n'ont guère besoin de réconfort. Il s'agit plutôt de les aider à découvrir cette fissure qui, dans la muraille de leur amour-propre, permettrait à la lumière de la raison de filtrer.

Au départ, on peut dire qu'au temps de leurs abus, la majorité des membres des AA ont souffert de cette manie de se justifier. Pour la plupart, se justifier consistait à inventer des excuses qui serviraient à expliquer leurs abus d'alcool et toutes sortes d'écarts idiots et dégradants. Nous étions des maîtres dans l'art d'inventer des alibis. Il fallait boire parce que les temps étaient durs, ou parce qu'ils étaient meilleurs. Il fallait boire parce qu'à la maison, l'amour régnait, ou en était absent. Il fallait boire parce qu'au travail, nous étions des as, ou des ratés. Il fallait boire parce que notre pays avait gagné la guerre, ou l'avait perdue, et ainsi de suite.

Selon nous, c'était les « situations » qui nous portaient à boire. Quand nous avons entrepris de les redresser et

qu'il nous est apparu impossible de le faire à notre satisfaction, nous avons bu sans maîtrise et nous sommes devenus alcooliques. Il ne nous est jamais venu à l'esprit qu'il
fallait nous changer nous-mêmes pour nous ajuster à toutes les situations, peu importe lesquelles.

Mais chez les AA, nous avons appris peu à peu qu'il
fallait intervenir de quelque manière contre ces poussées
d'apitoiement, de ressentiment, de rancœur et d'orgueil
injustifié. Il nous fallait prendre conscience que nous
tournions les gens contre nous chaque fois que nous voulions jouer les grands seigneurs. Nous devions nous rendre
compte qu'en nourrissant des rancunes et en préparant des
vengeances par suite de nos échecs, nous faisions pleuvoir
sur nous-mêmes les coups que notre colère destinait aux
autres. Nous avons appris que, dans nos crises d'exaspéra-
tion, notre *premier* souci devait être d'apaiser notre
agitation, peu importe à qui ou à quoi on l'attribuait.

Il nous a souvent fallu beaucoup de temps avant de
réaliser à quel point ces émotions excessives nous ont nui.
Nous pouvions les déceler rapidement chez les autres,
mais lentement en nous-mêmes. En premier lieu, nous
avons dû reconnaître plusieurs de ces défauts en nous,
même si cette découverte était pénible et humiliante. Lorsqu'il s'agissait des autres, il fallait, en paroles et en pensée, nous abstenir d'accuser. Nous avons dû faire appel à
toute notre bonne volonté, rien que pour nous y mettre.
Mais une fois franchis les deux ou trois premiers obstacles
de cette course, le reste du parcours s'annonçait plus facile. Car nous avions commencé à nous regarder avec un
peu plus de recul, c'est-à-dire à acquérir de l'humilité.

Évidemment, le profil du dépressif et celui de l'assoiffé de pouvoir sont des types extrêmes de personnalité, mais ils sont légion chez les AA et dans le monde entier. Souvent, ces personnalités sont aussi clairement définies que dans les exemples donnés ci-dessus. Mais tout aussi souvent, certains d'entre nous se retrouvent plus ou moins dans l'une et l'autre catégories. Les êtres humains ne sont jamais tout à fait semblables et chacun d'entre nous doit, quand il fait son inventaire, déterminer ses propres défauts de caractère. Dès qu'il a trouvé le chapeau qui lui va, il devrait le coiffer et repartir avec une nouvelle assurance d'être enfin sur la bonne voie.

Prenons maintenant un moment de réflexion pour voir à quel point nous avons besoin de faire la liste des défauts de personnalité les plus évidents que nous avons tous en commun à divers degrés. Pour ceux qui ont reçu une éducation religieuse, cette liste se présenterait comme une série de violations graves de certains principes moraux. D'autres la percevront comme un exposé de défauts de caractère. D'autres encore diront que c'est l'énumération de leurs inadaptations. Certains seront plutôt agacés si on fait référence à l'immoralité ou, pire encore, au péché. Mais tous ceux qui sont le moindrement raisonnables seront d'accord avec l'affirmation suivante : il y a beaucoup de désordre chez nous, les alcooliques, et nous aurons beaucoup à faire si nous voulons obtenir la sobriété, nous améliorer et être vraiment en mesure de faire face à la vie.

Pour éviter la confusion et nous entendre sur le nom à donner à ces défauts, utilisons une liste universellement reconnue des principales faiblesses humaines — celle des sept péchés capitaux : l'orgueil, l'avarice, la luxure, la colère, la gourmandise, l'envie et la paresse. Ce n'est pas par accident que l'orgueil vient en tête de liste, car l'orgueil, qui mène à la justification de soi, et qui est toujours aiguillonné par quelque peur consciente ou inconsciente, est la principale source des difficultés humaines, le principal obstacle à tout progrès véritable. L'orgueil nous entraîne à imposer, aux autres et à nous-mêmes, des exigences qu'on ne saurait satisfaire sans dénaturer ou mal utiliser les instincts que Dieu nous a donnés. Quand notre vie n'a plus d'autre objectif que de satisfaire notre instinct sexuel, notre besoin de sécurité ou notre ambition sociale, l'orgueil entre aussitôt en scène pour justifier tous nos excès.

Toutes ces faiblesses engendrent la peur, qui est sans contredit une maladie de l'âme. À son tour, la peur engendre d'autres défauts de caractère. La crainte déraisonnable de ne pouvoir satisfaire nos instincts nous porte à convoiter les biens des autres, à rêver de pouvoir ou de satisfactions sexuelles, à nous mettre en colère lorsqu'on résiste à l'élan de nos instincts, à envier les autres quand leurs rêves semblent se réaliser, et non les nôtres. Nous mangeons, nous buvons, nous nous jetons sur un peu tout, bien au-delà de nos besoins, comme si nous avions toujours peur d'en manquer. Et littéralement affolés à l'idée de travailler, nous restons dans l'oisiveté. Nous tuons le temps, nous remettons tout au lendemain, et au mieux, nous travaillons à contrecœur et à demi-régime. Ces craintes sont comme des termites qui ne cessent de miner les fondations de tous les projets de vie que nous essayons d'adopter.

Et quand les AA lui proposent de procéder à un inventaire moral, le nouveau croit qu'on lui en demande plus qu'il n'est capable de faire. Son orgueil et sa peur se liguent pour le faire reculer chaque fois qu'il tente de s'examiner. L'orgueil lui souffle : « Tu n'a pas besoin de passer par là », et la peur ajoute : « Tu n'oseras pas regarder ! » Mais, d'après le témoignage des membres qui ont vraiment fait l'expérience de l'inventaire moral, cet orgueil et cette peur ne sont que des épouvantails, rien de plus. Du moment que nous sommes entièrement disposés à faire notre inventaire et que nous nous appliquons à le mener à terme, une merveilleuse lumière vient dissiper la brume. Par suite de notre persévérance, naît en nous un tout nouveau type de confiance, et nous éprouvons un soulagement indescriptible de pouvoir enfin nous regarder en face. Tels sont les premiers fruits de la Quatrième Étape.

À ce stade, le nouveau membre en est probablement venu aux conclusions suivantes : son usage abusif de l'alcool et son échec dans la vie sont en tout premier lieu attribuables à ses défauts de caractère, qui sont eux-mêmes le reflet de ses instincts désordonnés ; à moins d'être désormais disposé à faire de grands efforts pour éliminer les plus graves de ces défauts, il n'est pas encore près de connaître ni sobriété ni paix d'esprit ; il lui faudra démolir les fondations boiteuses qu'il a données à sa vie et reconstruire à neuf sur du roc. Maintenant qu'il veut bien se mettre à la tâche pour identifier ses défauts, il demandera : « Comment dois-je m'y prendre au juste ? *Comment* fait-on l'inventaire de soi-même ? »

Comme la Quatrième Étape n'est que le départ d'une pratique qui doit durer toute la vie, on peut suggérer au nouveau d'examiner en premier lieu les faiblesses personnelles qui lui causent ses plus sérieux ennuis et qui sont assez évidentes. Du mieux qu'il peut juger ce qui lui apparaît bien ou mal dans sa vie, il pourrait faire un examen sommaire de sa conduite sur le plan des instincts primaires que sont l'appétit sexuel, la recherche de sécurité et l'ambition sociale. En passant sa vie en revue, il peut tout de suite se mettre au travail en réfléchissant sur des questions comme celles-ci :

Quand, comment, et dans quelles circonstances ma recherche égoïste de plaisirs sexuels a-t-elle causé du tort à d'autres ou à moi-même ? Quelles sont les personnes qui en ont souffert, et jusqu'à quel point ? Ai-je gâché mon mariage et causé du tort à mes enfants ? Ai-je compromis ma position sociale ? Quelle était ma réaction immédiate à ces situations ? Étais-je tourmenté de remords que rien ne pouvait apaiser, ou est-ce que je soutenais n'être que la victime et non l'agresseur, ce qui revenait à m'absoudre moi-même ? Comment ai-je réagi à la frustration en matière sexuelle ? Quand on refusait mes avances, est-ce que je devenais agressif ou déprimé ? Est-ce que je défoulais ma frustration sur d'autres personnes ? Si je sentais du rejet ou de la froideur chez mon conjoint, est-ce que j'en faisais un prétexte au libertinage ?

Pour la plupart des alcooliques, il importe également d'interroger leur conduite sur les plans de la sécurité émotive et de la sécurité financière. C'est souvent dans ces domaines que la peur, la cupidité, les attitudes possessives et l'orgueil ont exercé leurs pires ravages. En scrutant leurs antécédents au plan du travail ou des affaires, les alcooliques peuvent presque tous se poser des questions comme : quels sont, en plus de mon problème d'alcool, les défauts de caractère qui ont contribué à mon instabilité financière ? Est-ce que la peur ou un sentiment d'incompétence ont miné ma confiance et engendré des conflits intérieurs ? Ai-je tenté de masquer mon impression d'inaptitude en donnant dans le bluff, la tricherie, le mensonge, ou la fuite des responsabilités ? Ai-je réagi en maugréant contre ceux qui ne pouvaient pas remarquer mes talents tout à fait exceptionnels ? Est-ce que je me prenais pour un autre et jouais les personnages importants ? Étais-je dévoré par une ambition sans scrupule qui m'amenait à trahir mes associés et à leur couper l'herbe sous le pied ? Étais-je extravagant ? Étais-je un emprunteur sans limite, peu soucieux de rembourser ? Étais-je pingre au point de refuser à ma famille un soutien convenable ? Ai-je employé des méthodes plutôt louches dans mes affaires ? Qu'en est-il des combines clandestines, des risques pris à la bourse, aux courses ?

Les femmes d'affaires qui sont membres des AA trouveront naturellement que bon nombre de ces questions leur conviennent également. Mais les femmes alcooliques qui restent à la maison peuvent aussi compromettre la sécurité financière du foyer : elles peuvent truquer les factures, manipuler le budget de l'alimentation, passer leurs après-midi à des jeux de hasard, et endetter leur mari par leur irresponsabilité, leur gaspillage et leur extravagance.

En somme, tous les alcooliques qui ont perdu des emplois, perdu des proches ou des amis à cause de leurs excès, doivent s'imposer un examen serré afin d'établir comment ils ont fait crouler leur sécurité sous leurs défauts de personnalité.

Quant à l'insécurité émotive, les symptômes les plus courants en sont l'inquiétude, la colère, l'apitoiement et la dépression, dont les causes semblent parfois se trouver à l'intérieur de nous-mêmes et d'autres fois à l'extérieur. Dans ce domaine, l'inventaire exige un examen attentif de toutes les relations personnelles qui donnent lieu à des difficultés permanentes ou occasionnelles. Il faut se rappeler que ce genre d'insécurité peut se manifester à tous les niveaux où nos instincts sont menacés. Les questions à se poser sous ce rapport peuvent se présenter comme suit : si je tiens compte aussi bien du présent que du passé, quels sont les incidents de ma vie sexuelle qui m'ont laissé dans l'anxiété, l'amertume, la frustration ou la dépression ? En évaluant honnêtement tous ces incidents, puis-je voir en quoi j'ai manqué ? Serait-ce à cause de mon égoïsme ou de mes exigences déraisonnables que je me suis retrouvé dans de tels embarras ? S'il me semble que mon inconfort est attribuable à la conduite d'autres personnes, pourquoi suis-je si peu capable d'accepter les situations que je ne peux changer ? Telles sont les questions fondamentales qui peuvent me révéler la source de mon malaise et m'indiquer si je suis en mesure de modifier ma conduite et de m'adapter avec sérénité à des règles de discipline personnelle.

Supposons que c'est l'insécurité financière qui ramène constamment ces mêmes émotions. Je puis me demander jusqu'où j'ai alimenté par mes propres erreurs cette angoisse qui me ronge. Et s'il y en a d'autres qui ont leur part de responsabilité, que puis-je y faire ? Si je ne suis pas en mesure de changer le présent état de choses, suis-je disposé à prendre les moyens qui s'imposent pour ajuster ma vie à la situation telle qu'elle est ? Les questions de ce genre, et d'autres qui nous viendront facilement à l'esprit selon les cas particuliers, nous aideront à découvrir les racines de notre mal.

Mais ce qui nous a fait le plus souffrir, dans plusieurs cas, c'est la mauvaise tournure que nos relations ont prise avec nos proches, nos amis et la société en général. Nous y avons été tellement stupides et butés ! Le principal facteur, que nous ne savons pas reconnaître, est notre incapacité totale à établir une véritable association avec un autre être humain. Notre manie de tout ramener à nous-mêmes a creusé deux précipices. Ou bien nous exigeons de dominer les gens que nous côtoyons, ou bien nous voulons compter sur eux sans limite. Si nous comptons trop sur les autres, tôt ou tard, ils nous feront faux bond, car se sont des humains, eux aussi, et ils ne pourront jamais satisfaire à nos incessantes requêtes. Nous ne pouvons, de cette manière, qu'accroître notre insécurité et la rendre plus intolérable. Et si nous avons pour habitude de manipuler les autres selon nos fantaisies les plus tenaces, ils finissent par se révolter et nous résister avec fermeté. Nous voilà donc de plus en plus offensés : nous nous croyons persécutés, et nous avons envie de nous venger. Alors, nous redoublons d'efforts pour garder la main haute sur la situation, sans autre résultat que d'aviver notre douleur et de la faire durer. Jamais nous n'avons cherché qu'à occuper simplement notre place dans la famille, à n'être qu'un ami parmi les amis, qu'un travailleur parmi les autres, qu'un membre utile de la société. Toujours nous cherchions frénétiquement à être au sommet de la pyramide ou à nous camoufler en dessous. Notre conduite égocentrique bloquait toute ouverture sur une relation d'association avec les différentes personnes de notre entourage. De la vraie fraternité, nous n'avions qu'une bien mince compréhension.

Certains s'élèveront contre plusieurs de nos questions en se disant qu'ils ne souffraient pas de défauts de caractère aussi prononcés. À ceux-là, on peut indiquer qu'un examen consciencieux pourrait bien leur révéler ces défauts mêmes dont parlent ces questions inadmissibles. Comme notre dossier ne paraissait pas si mal en surface, nous étions souvent très confus de découvrir que s'il en était ainsi, c'était pour la très simple raison que nous avions enfoui ces défauts au plus profond de nous-mêmes sous d'épaisses couches de justifications. Ces mêmes défauts, quel que soit leur nom, nous ont finalement piégés et conduits à l'alcoolisme et au malheur.

En conséquence, la minutie est le mot d'ordre à se rappeler au moment de faire son inventaire. Et à cette fin, il est sage de mettre par écrit nos questions et nos réponses. Cela nous sera d'un précieux secours pour penser avec plus de clarté et pour juger avec plus d'honnêteté. Ce sera la première preuve *concrète* de notre volonté d'avancer.

Cinquième Étape

« Nous avons avoué à Dieu, à nous-mêmes et à un autre être humain la nature exacte de nos torts. »

CHACUNE des Douze Étapes des AA nous demande d'aller à l'encontre de nos désirs naturels... toutes dégonflent notre ego. Et eu égard à ce dégonflement, peu d'Étapes sont aussi rudes à franchir que la Cinquième. Par contre, il n'y en a guère qui soit aussi indispensable à une sobriété durable et à la paix d'esprit.

L'expérience des AA nous a appris que nous ne pouvons pas vivre seuls avec les problèmes qui nous accablent et avec les défauts de caractère qui les causent ou les aggravent. Si nous avons bien fait l'examen de nos vies à la lumière de la Quatrième Étape, nous avons vu se détacher en relief des expériences que nous aimerions mieux oublier ; si nous avons enfin pu voir tout le mal que nous avons fait aux autres et à nous-mêmes par notre mauvais esprit et notre mauvaise conduite, alors, nous ressentons avec plus d'urgence que jamais le besoin de ne plus vivre seuls avec les fantômes traumatisants de notre passé. Nous devons en parler à quelqu'un.

Pourtant, cette démarche nous fait tellement peur et nous répugne tant que plusieurs membres sont d'abord tentés de sauter la Cinquième Étape. Nous cherchons un moyen plus facile, qui consiste ordinairement à faire l'aveu général et relativement peu pénible que nous étions parfois de mauvais acteurs lorsque nous buvions. Puis, pour faire bonne mesure, nous ajoutons quelques dramatiques descriptions de ces épisodes d'alcoolisme que nos amis connaissent probablement de toute façon.

Mais de ce qui nous tracasse et nous tourmente vraiment, nous ne soufflons pas un mot. Il existe de ces souvenirs troublants et humiliants, pensons-nous, qu'il ne faut partager avec personne. Nous en ferons notre secret. Il n'y a pas âme qui vive qui doive jamais les connaître. Nous souhaitons qu'ils nous suivent dans la tombe.

Pourtant, si on reconnaît quelque valeur à l'expérience des AA, c'est là un choix non seulement insensé, mais dangereux. Cette réticence devant la Cinquième Étape nous a sans doute valu plus d'ennuis que toutes nos autres indécisions. Tant que nous n'aurons pas fait maison nette, la sobriété sera vraiment impossible pour certains et coupée de rechutes pour d'autres. Même les plus vieux membres, sobres de longue date, doivent souvent payer le gros prix pour avoir bâclé cette Étape. Ils vous raconteront comment ils ont tenté de porter seuls leur fardeau, et tout ce qu'ils ont souffert parce qu'ils étaient irascibles, anxieux, bourrés de remords et dépressifs ; ils vous diront comment, dans leur recherche inconsciente de soulagement, ils en étaient parfois venus à dénoncer jusque chez leurs meilleurs amis les défauts de caractère qu'eux-mêmes cherchaient à masquer. Toujours, ils ont constaté que ce n'est jamais en relevant les péchés des autres qu'on trouve le soulagement. Chacun doit faire sa propre confession.

La coutume d'avouer ses fautes à quelqu'un d'autre est fort ancienne. La valeur de cette pratique s'est confirmée au cours des siècles et on la retrouve de façon caractéristique dans la vie de toutes les personnes profondément spirituelles et vraiment religieuses. Mais de nos jours, la religion n'est pas la seule, loin de là, à promouvoir cette pratique salutaire. Les psychiatres et les psychologues font valoir eux aussi ce besoin profond qu'éprouve tout être humain de rentrer concrètement en lui-même, d'identifier les faiblesses de sa personnalité et d'en discuter avec une personne compréhensive et digne de confiance. Dans le cas des alcooliques, les AA iraient encore plus loin. Nous serions presque tous prêts à dire qu'à moins d'avouer résolument nos défauts à un autre être humain, nous ne pourrions demeurer abstinents. Il nous semble évident qu'à défaut d'un tel effort, la grâce de Dieu ne pourra pénétrer à l'intérieur de nous pour y déloger nos obsessions destructrices.

Quels résultats pouvons-nous attendre de la Cinquième Étape ? Pour commencer, nous serons débarrassés de cette terrible impression d'isolement que nous avons toujours eue. Tous les alcooliques, presque sans exception, sont tourmentés par la solitude. Même avant d'en venir aux pires excès et de nous éloigner de notre entourage, nous avons presque tous éprouvé le pénible sentiment de non-appartenance. Ou bien nous étions timides et n'osions pas trop nous rapprocher des autres, ou bien nous devenions de joyeux compères tapageurs cherchant désespérément l'attention et la compagnie des gens, mais sans jamais y parvenir, du moins pas selon notre perception des choses. Il y avait toujours cette mystérieuse barrière que nous ne pouvions ni franchir ni comprendre. Nous avions l'impression d'être des comédiens sur scène prenant soudainement conscience de ne pas connaître une seule ligne de leur rôle. C'est une des raisons qui nous faisaient tant aimer l'alcool : il nous permettait d'improviser la réplique. Mais Bacchus lui-même prenait le dessus ; en fin de compte, nous retombions à plat, abandonnés et terrifiés dans notre solitude.

Une fois chez les AA, nous nous sommes trouvés, pour la première fois de notre vie, au milieu de gens qui semblaient nous comprendre : ce sentiment d'appartenance était très stimulant. Nous avons cru que c'en était fini de notre problème d'isolement. Mais nous nous sommes vite aperçus que, sans être isolés désormais au plan social, nous traversions encore plusieurs crises d'angoisse et d'esseulement comme jadis. Tant que nous n'avons pas pu parler ouvertement de nos conflits intérieurs, et entendre d'autres personnes en faire autant, nous ne nous sommes pas intégrés au groupe. La solution était la Cinquième Étape. C'était le début d'une authentique relation avec les hommes et avec Dieu.

Cette Étape vitale fut aussi pour nous le moyen d'acquérir la conviction que nous pouvions être pardonnés de tout ce que nous avions pu faire ou penser. Souvent, c'est en travaillant à cette Étape à l'aide de notre parrain ou de notre conseiller spirituel que nous avons senti, pour la première fois, que nous étions vraiment capables de pardonner aux autres les pires offenses dont nous les pensions coupables envers nous. Notre inventaire moral nous avait persuadés que le pardon total était souhaitable, mais ce n'est qu'en nous attaquant résolument à la Cinquième Étape que nous avons acquis la *certitude* profonde d'être dignes de pardon et de pouvoir pardonner aussi.

L'autre dividende remarquable que nous pouvons espérer de l'aveu de nos défauts à un autre être humain est l'humilité, un mot souvent mal compris. Pour ceux qui ont fait quelque progrès chez les AA, l'humilité consiste à reconnaître clairement qui nous sommes et ce que nous sommes, et à chercher sincèrement ensuite à devenir ce que nous pourrions être. Alors, pour faire un premier pas vers l'humilité, on doit reconnaître ses déficiences. Il est impossible de corriger un seul défaut sans l'avoir bien identifié. Mais nous ne devrons pas nous limiter à simplement *voir* nos défauts. L'objectif de notre Quatrième Étape n'était, après tout, qu'un examen de nous-mêmes. Nous avons tous remarqué, par exemple, que nous manquions d'honnêteté et de tolérance, que nous étions parfois tenaillés par des accès d'apitoiement ou par des idées de grandeur. C'était sans doute une expérience humiliante, mais nous n'avons pas acquis pour autant beaucoup d'humilité véritable. Nous avons identifié nos défauts, mais ils étaient toujours là. Encore fallait-il y faire quelque chose. Nous avons bientôt compris que nous n'allions pas pouvoir nous en défaire de nous-mêmes, ni par vœux ni par notre volonté.

La Cinquième Étape rapporte de gros dividendes dont un réalisme accru et conséquemment, plus d'honnêteté envers nous-mêmes. En faisant notre inventaire, nous avons commencé à entrevoir tous les ennuis qu'avaient pu nous causer nos illusions sur nous-mêmes. Il en était résulté une réflexion fort troublante. Si nous avions passé la majeure partie de notre vie à nous tromper nous-mêmes, comment pouvions-nous être si sûrs de ne pas nous leurrer une fois de plus ? Comment nous assurer que nous avions dressé une liste intègre de nos défauts et que nous en avions vraiment fait l'aveu, y compris à nous-mêmes ? Comme nous étions encore gênés par la peur, l'apitoiement et le dépit, il est probable que nous n'étions aucunement en mesure de nous évaluer objectivement. Un excès de culpabilisation et de remords devrait sans doute nous amener à dramatiser et à exagérer nos faiblesses. Ou encore, c'était la peur et notre amour-propre blessé qui avaient pu dresser un écran de fumée derrière lequel nous cachions certains défauts tout en les attribuant aux autres. Fort possiblement aussi, nous portions encore le fardeau de plusieurs handicaps, petits et grands, dont jamais nous n'avions cru être affligés.

Il devenait donc bien évident qu'il ne pouvait suffire, loin de là, de faire seuls notre propre évaluation et de partir de là seulement pour procéder à l'aveu de nos défauts. Pour être assurés de découvrir et d'admettre la vérité à notre sujet, nous allions devoir compter sur une aide extérieure, l'aide de Dieu et d'un autre être humain. Ce n'est qu'en discutant notre cas sans rien cacher, qu'en étant bien disposés à demander conseil et à suivre des recommandations, que nous pourrons nous engager dans la voie d'une pensée droite, d'une honnêteté rigoureuse et d'une humilité authentique.

Néanmoins, beaucoup de membres continuaient de récriminer ainsi : « Pourquoi ce 'Dieu-tel-que-nous-Le-concevons' ne peut-il pas nous indiquer nos égarements ? Si c'est le Créateur qui, dès le départ, nous a donné la vie, il doit sûrement savoir dans le détail en quoi nous avons fait fausse route depuis ce temps. Pourquoi ne pas Lui faire directement nos aveux ? Pourquoi devons-nous mêler quelqu'un d'autre à cette affaire ? »

À ce stade, il se présente deux types de difficultés dans notre tentative de nous entendre directement avec Dieu. Même si au premier abord, nous sommes étonnés de nous rendre compte que Dieu sait tout à notre sujet, nous avons tendance à nous y habituer assez rapidement. D'une certaine manière, il semble moins embarrassant de nous trouver seuls avec Dieu que de faire face à une autre personne. Tant que nous ne prenons pas la peine de nous arrêter pour parler ouvertement de ce que nous avons caché si longtemps, notre bonne disposition à faire maison nette reste encore passablement théorique. Si nous sommes honnêtes en face d'une autre personne, c'est la confirmation que nous avons été honnêtes avec nous-mêmes et avec Dieu.

L'autre difficulté est la suivante : il est facile, à coup de rationalisations et de vœux pieux, de déformer ce qui se présente spontanément à notre esprit. L'avantage de nous adresser à une autre personne, c'est que nous pouvons sur-le-champ recevoir ses commentaires et ses conseils en ce qui concerne notre situation, et il ne peut y avoir aucun doute dans notre esprit sur le sens de cette intervention. Il est dangereux de faire cavalier seul dans le domaine spirituel. Que de fois nous avons vu des gens se réclamer de l'inspiration de Dieu alors que leur fâcheuse méprise n'était que trop évidente. Pauvres d'expérience aussi bien que d'humilité, ils s'étaient donné des illusions et pouvaient justifier les sottises les plus aberrantes en soutenant que Dieu leur avait dit de les faire. Il est bon de souligner que les gens spirituellement très avancés vérifient presque toujours auprès d'un ami ou d'un conseiller spirituel les inspirations qu'ils croient avoir reçues de Dieu. Dès lors, il est évident qu'un novice ne devrait pas s'exposer au risque de commettre ainsi des erreurs idiotes, voire même tragiques. Les commentaires et les opinions des autres sont sans doute loin d'être infaillibles, mais ils seront probablement plus pertinents que l'inspiration directe que nous pourrions recevoir, à une étape où nous manquons réellement d'expérience dans nos relations avec une Puissance supérieure à nous-mêmes.

L'étape suivante consiste à trouver la personne à qui nous allons nous confier. Nous devons ici procéder avec soin et nous rappeler la suprématie de la prudence sur les autres vertus. À cette personne, nous aurons peut-être des révélations à faire qu'aucune autre personne ne doit connaître. Nous voudrons aussi nous adresser à quelqu'un d'expérience, qui a su non seulement rester sobre mais triompher aussi d'autres sérieuses difficultés qui ressemblent peut-être aux nôtres. Il n'est pas impossible qu'il s'agisse en fait de notre parrain, mais ce n'est pas indispensable. Si vous en êtes venus à avoir une grande confiance en votre parrain et que son tempérament et ses problèmes ressemblent aux vôtres, vous aurez alors fait un bon choix. D'ailleurs, votre parrain à déjà l'avantage de connaître un peu votre situation.

Il se peut cependant que la nature de vos relations avec lui vous incite à ne lui révéler qu'une partie de votre histoire. Si telle est la situation, de grâce, n'hésitez pas, car vous devez le plus tôt possible faire un bout de chemin. Par la suite, cependant, vous choisirez peut-être quelqu'un d'autre pour les confidences plus difficiles ou plus intimes. Cette personne peut très bien être de l'extérieur du Mouvement — comme, par exemple, votre pasteur ou votre médecin. Pour certains d'entre nous, un parfait étranger peut s'avérer le meilleur choix. Les véritables critères dans cette expérience sont, d'une part, votre détermination à vous confier à quelqu'un, et d'autre part, votre entière confiance en celui ou celle à qui vous ferez part de ce premier examen fidèle de vous-mêmes. Même quand on a trouvé la bonne personne, il faut souvent beaucoup de courage pour l'aborder. On ne devrait jamais dire que la méthode des AA n'exige pas d'efforts de volonté : voici justement une circonstance où vous en aurez besoin comme jamais. Heureusement, par contre, vous vous préparez probablement à une très agréable surprise. Lorsque vous aurez soigneusement expliqué le but de votre démarche et que votre confident aura compris le grand service qu'il peut vous rendre, la conversation s'engagera sans problème et ne tardera pas à s'animer. Bientôt, il se pourrait que votre interlocuteur vous raconte quelques épisodes de sa vie, ce qui vous mettra encore plus à l'aise. Si vous ne cachez rien, votre soulagement grandira à chaque minute. Certaines émotions refoulées depuis des années feront surface et s'évanouiront comme par magie aussitôt que vous les aurez révélées. Votre douleur s'apaisera, faisant place à une paix vivifiante. Et quand la sérénité est ainsi combinée à l'humilité, de grandes choses peuvent se produire. De nombreux membres, jadis agnostiques ou athées, nous avouent qu'à ce stade de la Cinquième Étape, ils ont pour la première fois éprouvé le sentiment réel de la présence de Dieu. Et même ceux qui avaient déjà la foi ont souvent pris conscience de Dieu comme jamais auparavant.

Cette sensation de nous trouver en union avec Dieu et les hommes, cette émergence de notre isolement par l'aveu franc et honnête de notre terrible fardeau de culpabilité, crée une aire de repos où nous pourrons nous préparer aux Étapes suivantes et reprendre la route d'une sobriété complète et féconde.

Sixième Étape

« Nous avons pleinement consenti à ce que Dieu élimine tous ces défauts de caractère. »

« **V**OICI l'étape qui distingue les adultes des enfants. » Ainsi s'exprime un ecclésiastique que nous aimons bien et qui se trouve être l'un des plus grands amis des AA. Il explique que toute personne capable d'assez de bonne volonté et d'honnêteté pour appliquer la Sixième Étape à tous ses défauts, *sans aucune exception*, a déjà beaucoup cheminé sur la voie spirituelle ; elle mérite qu'on la qualifie de personne sincèrement engagée à cultiver en elle-même l'image et la ressemblance de son Créateur.

C'est une question fort discutée de savoir si Dieu peut éliminer les défauts de caractère — et s'il le veut, à certaines conditions. À n'en pas douter, tous les membres des AA, presque sans exception, croient que oui. Pour le membre des AA, il ne s'agit pas du tout d'une théorie ; c'est ni plus ni moins la plus grande réalité de sa vie. Habituellement, il avancera la preuve de sa conviction à peu près dans les termes suivants :

« Quant à moi, c'est sûr, j'étais entièrement battu, anéanti. La force de ma volonté était absolument inopérante contre l'alcool. Les changements de milieu, les efforts de ma famille, de mes amis, des médecins, des prêtres ne produisaient aucun résultat sur mon alcoolisme. Je ne parvenais tout simplement pas à cesser de boire et aucun être humain, semble-t-il, ne pouvait m'en donner le moyen. Mais lorsque je me suis décidé à faire maison nette et que j'ai demandé à une Puissance supérieure, c'est-à-dire à Dieu tel que je Le conçois, de m'en libérer, mon obsession de boire a disparu. Elle me fut littéralement arrachée. »

Dans les réunions des AA à travers le monde, on entend tous les jours à peu près les mêmes déclarations. Tout le monde est en mesure de constater que chaque membre des AA devenu sobre a été libéré de cette obsession si tenace et virtuellement fatale. On peut donc dire que, de façon absolue, littéralement tous les membres des AA « ont pleinement consenti » à ce que Dieu élimine de leur vie cette manie de l'alcool. Et c'est exactement ce que Dieu s'est occupé de réaliser.

Puisque nous avons été gratifiés d'une libération totale de l'alcoolisme, pourquoi ne pourrions-nous pas, par le même moyen, nous libérer totalement de chacun de nos autres défauts et problèmes ? Ce mystère fait partie de notre existence et ce n'est probablement que dans l'intelligence de Dieu qu'on en trouve l'entière explication. Néanmoins, il y a au moins une partie de cette explication qui est à notre portée.

Les hommes et les femmes qui boivent de l'alcool au point d'exposer leur vie commettent un acte tout à fait contre nature. À l'encontre même de leur instinct naturel de conservation, ils semblent enclins à se détruire eux-mêmes. Ils agissent contre leur instinct le plus profond. Lorsqu'ils se trouvent abattus par les coups redoutables que leur inflige l'alcool, la grâce de Dieu peut pénétrer en eux et chasser leur obsession. Leur puissant instinct de survie peut ici travailler de concert avec le désir de leur Créateur de leur donner une vie nouvelle. Car la nature, autant que Dieu, a le suicide en horreur.

Mais la plupart des autres difficultés que nous éprouvons ne sont pas de cet ordre. Par exemple, toute personne normale veut manger, se reproduire, occuper une place dans la société. Et chacun souhaite pouvoir s'employer à la recherche de ces biens dans une sécurité et une sérénité normales. C'est bien ainsi que Dieu nous a faits. Il n'a pas destiné l'homme à se détruire par l'alcool ; il lui a plutôt donné des instincts pour l'aider à demeurer en vie.

Il n'y a aucune indication claire que, dans cette vie du moins, notre Créateur souhaite nous voir éliminer complètement nos pulsions instinctuelles. Pour autant que nous le sachions, aucun document n'atteste que Dieu ait complètement retiré d'un être humain toutes ses inclinations naturelles.

Comme nous naissons presque tous avec une grande abondance de penchants naturels, il n'est pas étonnant que nous les laissions souvent outrepasser largement le rôle qui leur était destiné. Lorsqu'ils nous emportent aveuglément ou que nous décidons d'en exiger plus de satisfactions et de plaisirs qu'il n'est possible ou nécessaire, nous nous éloignons du niveau de perfection auquel Dieu nous destine sur cette terre. C'est ce qui nous révèle la mesure de nos défauts de caractère, ou, si vous préférez, de nos péchés.

Si nous le Lui demandons, Dieu nous pardonnera sûrement nos manquements. Mais en aucun cas Il n'acceptera, sans notre collaboration, de nous rendre blancs comme neige et de nous garder dans cet état. C'est là un objectif auquel nous sommes supposés tendre de nous-mêmes. Dieu nous demande seulement de nous appliquer, du mieux que nous pouvons, à faire du progrès dans la formation de notre caractère.

Par conséquent, la Sixième Étape, « Nous avons pleinement consenti à ce que Dieu élimine tous ces défauts de caractère », est la façon des AA de décrire l'attitude la plus souhaitable à prendre pour amorcer ce travail de toute une vie. Nous n'espérons pas pour autant être délivrés de tous nos défauts de caractère comme nous l'avons été de l'obsession de boire. Certains peuvent disparaître, mais pour la plupart, nous devrons nous contenter d'une patiente amélioration. Les mots clés « avons pleinement consenti » soulignent que nous tendons vers l'idéal, tel que nous le connaissons ou que nous pouvons le découvrir.

Combien d'entre nous consentent à ce point ? Au sens absolu du mot, presque personne. Le mieux que nous puissions faire, c'est d'*essayer*, avec toute l'honnêteté dont nous sommes capables. Même les meilleurs d'entre nous découvriront avec consternation qu'il leur reste toujours des réserves, ce qui leur font dire : « Non, je ne suis pas encore prêt à me défaire de ceci. » Et il nous arrive souvent de nous aventurer sur un terrain plus dangereux encore, quand nous disons : « Non, *jamais* je n'abandonnerai telle chose. » On voit ici jusqu'où peuvent pousser nos instincts pour se satisfaire. Même après des progrès considérables, nous nous découvrirons toujours des désirs qui s'opposent à la grâce de Dieu.

Certains ne seront pas d'accord là-dessus, en songeant aux progrès qu'ils croient avoir accomplis. Nous allons donc y réfléchir davantage pour tâcher d'y voir plus clair. La plupart des gens souhaitent se débarrasser de leurs handicaps les plus évidents et les plus nuisibles. Personne ne veut d'un orgueil qui fait passer pour un fat, ni d'une soif de s'enrichir qui fait passer pour un voleur. Personne ne veut d'une agressivité qui porterait à tuer, ni d'une passion qui porterait à violer, ou d'une gourmandise qui ruinerait la santé. Personne ne veut être envieux presque à en mourir, ni croupir sous la paresse. Bien sûr, la plupart des humains ne possèdent pas ces défauts à un degré absolu.

Nous, qui avons échappé à ces extrêmes, sommes portés à nous en féliciter. Mais en avons-nous le droit ? Après tout, n'est-ce pas purement et simplement notre intérêt personnel qui nous a permis d'y échapper ? Éviter des excès qui nous vaudraient de toute manière des ennuis graves n'exige pas beaucoup d'efforts spirituels. Mais en face de formes moins prononcées de ces mêmes défauts, quelle est *alors* notre attitude ?

Il nous faut reconnaître aussi que nous nous complaisons dans certains de nos défauts. Nous les aimons réellement. Par exemple, qui ne prend pas plaisir à se sentir un tout petit peu supérieur à son voisin, ou même beaucoup supérieur ? N'est-il pas vrai que nous aimons cacher notre cupidité sous le masque de l'ambition ? L'idée *d'aimer* la luxure nous semble impossible. Mais combien d'hommes et de femmes parlent d'amour sans que le cœur y soit, et croient ce qu'ils disent pour pouvoir cacher leur appétit sexuel dans un recoin de leur cerveau ? Et même quand ils restent dans les limites acceptées, bien des gens doivent admettre que les fantasmes sexuels tendent à se confondre à des rêves sentimentaux.

On peut aussi prendre beaucoup de plaisir à la colère prétendument justifiée. Sournoisement, les gens qui nous ennuient nous procurent des satisfactions, car nous en tirons une agréable impression de supériorité. Nous prenons aussi un certain plaisir à répandre des commérages envenimés de colère, ce qui revient à commettre le meurtre sous la forme élégante de l'assassinat des réputations. Ici, nous ne cherchons pas à aider ceux que nous critiquons mais plutôt à faire valoir nos propres mérites.

Lorsque notre gourmandise ne va pas jusqu'à nuire à notre santé, nous disons alors que « nous nous offrons des petites douceurs ». Nous vivons dans un monde dévoré par l'envie qui nous atteint tous plus ou moins. Nous devons sûrement tirer de ce travers une satisfaction, malsaine peut-être, mais pourtant réelle. Autrement, pourquoi perdrions-nous un temps si considérable à vouloir des choses que nous n'avons pas plutôt que de travailler pour les obtenir ; pourquoi chercher à être ce que l'on ne sera jamais au lieu d'en prendre conscience et de l'accepter ? Que de fois notre ardeur au travail n'a d'autre but qu'une sécurité débouchant sur l'oisiveté — que nous déguisons sous le mot « retraite » ? Pensez aussi à l'habileté que nous avons de remettre à plus tard (ce qui est en fait une façon de dire « paresse » en plus d'un mot). Tout le monde pourrait sans doute dresser une bonne liste de défauts de ce genre et nous ne serions pas nombreux à vouloir sérieusement nous en défaire, du moins tant qu'ils ne nous causeraient pas d'ennuis trop sérieux.

Certains s'empresseront sans doute de dire qu'ils consentent vraiment à ce que ces défauts disparaissent de leur vie. S'ils préparaient une liste de défauts encore moins apparents, ils seraient obligés d'admettre qu'ils préféreraient en garder certains. Il semble donc que peu d'entre nous peuvent rapidement et sans peine se disposer à tendre à la perfection spirituelle et morale ; nous voulons juste ce qu'il faut de perfection pour nous permettre de nous débrouiller dans la vie et, il va sans dire, selon notre propre évaluation de ce strict minimum. Ainsi donc, entre « les enfants et les adultes », il y a la même différence qu'entre tendre vers un objectif que l'on se fixe soi-même et l'objectif parfait qui est déterminé par Dieu.

Plusieurs répliqueront aussitôt : « Comment est-il possible d'accepter toutes les implications de la Sixième Étape ? Pensez-y : il s'agit de la *perfection.* » L'objection semble de taille mais pratiquement parlant, il n'en est rien. Seule la Première Étape, qui nous a fait admettre à cent pour cent notre impuissance devant l'alcool, peut être pratiquée à la perfection. Les onze autres font état d'un idéal parfait. Ce sont des buts vers lesquels nous tendons ainsi que des repères pour évaluer nos progrès. Vue sous cet angle, la Sixième Étape demeure difficile mais pas du tout impossible. La seule chose qui presse est de la commencer et de continuer à faire de notre mieux.

Pour bénéficier de l'application de cette Étape pour d'autres problèmes que l'alcoolisme, il nous faudra faire une toute nouvelle expérience d'ouverture d'esprit. Nous devrons viser la perfection et consentir à marcher dans cette direction. Nous aurons rarement à nous inquiéter du rythme de notre démarche. L'important est de savoir si nous sommes prêts. »

En revenant sur les défauts que nous ne sommes pas encore disposés à abandonner, nous devons assouplir les positions radicales que nous avons prises. Dans certains cas, nous devrons peut-être dire : « Je ne peux pas encore me détacher de ceci... », mais nous ne devrions pas nous dire : « *Jamais je* ne me détacherai de ceci ! »

Il reste encore un dernier point à analyser, qui peut présenter un risque. Il nous est suggéré de pleinement consentir à tendre vers la perfection. Un certain délai, notons-le, peut être excusé. Sauf qu'avec les tendances de l'alcoolique à rationaliser, ce mot risque sûrement de suggérer une lointaine échéance. L'alcoolique se dira : « Rien de plus simple ! Bien sûr que je vais me diriger vers la perfection, mais certainement pas en courant. Je pourrais peut-être retarder à tout jamais de m'attaquer à certains problèmes. » Cette attitude n'est sûrement pas acceptable. Une telle rationalisation, si plaisante soit-elle, devra emprunter le même chemin que les autres. Nous devrons tout au moins nous attaquer à nos pires défauts de caractère et nous mettre à l'œuvre pour nous en défaire dans les plus brefs délais.

Si nous disons : « Non, jamais ! », notre cœur se ferme à la grâce de Dieu. Tout retard est dangereux, et la révolte peut être fatale. Le moment est donc venu d'abandonner nos objectifs limités pour accomplir la volonté de Dieu pour nous.

Septième Étape

« Nous Lui avons humblement demandé de faire disparaître nos déficiences. »

PUISQUE cette Étape concerne spécifiquement l'humilité, nous devrions prendre ici un moment pour nous demander ce qu'est cette vertu et ce que représente pour nous la pratique de l'humilité. En fait, atteindre à une plus grande humilité est le principe de base de chacune des Douze Étapes des AA. Car s'il n'est pas parvenu à un certain niveau d'humilité, aucun alcoolique ne peut demeurer le moindrement sobre. Les membres des AA ont presque tous pu constater qu'à moins de cultiver cette précieuse qualité bien au-delà de ce qui est requis pour les garder tout simplement abstinents, ils ont encore peu de chances de devenir vraiment heureux. Sans l'humilité, leur vie serait peu utile et, dans l'adversité, ils ne pourraient compter sur les ressources de la foi qu'exigent les situations critiques.

L'humilité — le mot lui-même autant que l'idéal qu'il évoque — connaît un bien mauvais sort dans notre société. Non seulement on en connaît mal la notion, mais on déteste cordialement l'entendre prononcer. Bien des gens n'ont même jamais entendu mentionner que l'humilité puisse constituer un mode de vie. La majorité des conversations de tous les jours et une bonne partie de ce qu'on peut lire font valoir la fierté que l'homme ressent à travers ses propres réalisations.

Avec grande intelligence, les hommes de science ont forcé la nature à leur livrer ses secrets. Les immenses ressources naturelles qu'on a réussi à maîtriser nous promettent tellement de bien-être matériel que plusieurs nous croient à l'aube d'un millénaire conçu et fabriqué par l'être humain. La pauvreté disparaîtra et nous vivrons dans une telle abondance que chacun pourra jouir de toute la sécurité et de toutes les satisfactions personnelles qu'il désire. Selon cette théorie, il semblerait qu'une fois comblés les instincts primaires de chacun, les prétextes aux disputes s'évanouiraient. L'univers entier accéderait au bonheur et pourrait se consacrer au développement de la culture et de la formation individuelle. Par la seule force de leur intelligence et de leur travail, les hommes auront forgé leur propre destinée.

Certainement aucun alcoolique, et surtout aucun membre des AA, ne souhaite déprécier le progrès matériel. Il n'est pas non plus dans notre intention d'ouvrir un débat avec tous ceux qui croient encore dur comme fer que le but premier dans la vie consiste à satisfaire ses instincts naturels primaires. Nous sommes certains cependant que, parmi tous ceux qui ont voulu être heureux de cette manière-là, les alcooliques sont ceux qui ont le plus lamentablement échoué. Depuis des milliers d'années nous n'avons cessé de réclamer plus que notre part de sécurité, de prestige et d'affection. Quand il semblait que nous arrivions à nos fins, nous retournions vers l'alcool pour y rêver d'autres rêves encore plus grands. Lorsque nous étions frustrés, ne fût-ce légèrement, nous buvions encore afin d'oublier. Nos désirs n'étaient jamais assouvis.

Dans toutes nos recherches du bonheur, la plupart du temps bien intentionnées, le handicap qui nous paralysait le plus était notre manque d'humilité. Il nous manquait le recul nécessaire pour accorder la priorité à la formation de notre caractère et aux valeurs spirituelles, et pour reconnaître que les satisfactions matérielles ne sont pas le but de la vie. D'une façon qui nous caractérise assez bien, nous nous lancions à fond de train sans faire la différence entre les moyens et la fin. Au lieu de voir dans la satisfaction de nos désirs matériels un moyen qui nous aiderait à vivre et à évoluer en tant qu'être humain nous en avons fait le but ultime de la vie.

Il est vrai que la plupart d'entre nous croyaient qu'il fallait avoir un bon caractère, surtout pour notre satisfaction personnelle. On obtient plus facilement ce que l'on veut quand on possède suffisamment d'honnêteté et de sens moral. Mais chaque fois que nous devions choisir entre l'effort et le confort, la formation de notre caractère était oubliée au profit d'une course vers ce que nous pensions être le bonheur. Rarement considérions-nous la formation de notre caractère comme un objectif désirable en soi, comme un but que nous voudrions nous fixer, que nos besoins instinctifs aient été comblés ou non. Il ne nous venait jamais à l'esprit de faire de l'honnêteté, de la tolérance et du véritable amour de l'homme et de Dieu la base quotidienne de notre vie.

Comme nous n'étions pas ancrés à des valeurs permanentes, notre aveuglement sur le véritable sens de notre vie nous précipitait toujours vers d'autres malheurs. Tant que nous sommes restés convaincus de pouvoir mener notre vie exclusivement par notre force et notre intelligence, il nous a été impossible d'accéder à une foi efficace en une Puissance supérieure, même si nous avions la foi en l'existence de Dieu. Nous pouvions effectivement avoir les plus profondes convictions religieuses, mais elles demeuraient stériles parce que nous tentions encore de jouer le rôle de Dieu. Tant que nous voulions d'abord compter sur nous-mêmes, il ne pouvait être question de nous en remettre sincèrement à une Puissance supérieure. Il manquait encore cet élément fondamental de toute humilité : le désir de chercher et d'accomplir la volonté de Dieu.

Pour nous, acquérir une vision nouvelle de la vie a été une démarche incroyablement douloureuse. C'est seulement à coup d'humiliations répétées que nous avons un peu appris, et de force, ce qu'est l'humilité. Ce n'est qu'au terme d'une longue route, marquée par une série de défaites et d'humiliations, et par la disparition totale de notre indépendance, que nous avons commencé à percevoir autre chose dans l'humilité qu'un état de profond désespoir. Chez les Alcooliques anonymes, on répète à tous les nouveaux, qui ne tardent d'ailleurs pas à s'en rendre compte, que l'humble aveu de leur impuissance devant l'alcool marque la première étape de leur libération de cette emprise paralysante.

C'est ainsi que l'humilité nous apparaît d'abord comme une nécessité. Mais ce n'est là que le tout premier pas. Pour écarter à jamais de nous cette répugnance à devenir humbles, pour en venir à considérer l'humilité comme la route vers la vraie liberté de l'esprit, pour accepter de travailler à cette vertu comme à un objectif intéressant en lui-même, il nous faudra, pour la plupart, beaucoup, beaucoup de temps. On ne peut d'un seul coup renverser le cours de toute une vie axée sur l'égocentrisme. La révolte talonne chacun de nos pas vers l'humilité.

Dès que nous aurons enfin admis sans restriction que nous sommes impuissants devant l'alcool, nous serons tentés de nous exclamer avec un grand soupir de soulagement : « Eh bien ! Dieu merci, c'est fini ! Je n'aurai plus jamais à passer par *là* ! » Puis nous apprenons, souvent avec consternation, que nous venons tout simplement de passer la première borne de notre nouvelle route. Toujours forcés par la stricte nécessité, nous nous attaquons de mauvais gré aux pires faiblesses de caractère qui étaient à l'origine de nos difficultés alcooliques et dont il importe de nous occuper pour prévenir un autre retour à l'alcoolisme. Malgré notre désir de nous corriger, la tâche nous apparaît parfois impossible et nous fait reculer. De plus, parce que nous y trouvons encore trop d'agréments, nous restons passionnément et fermement agrippés à certains autres défauts qui menacent tout autant notre équilibre. Pourrons-nous jamais rassembler assez de détermination et de bonne volonté pour nous débarrasser de besoins et de penchants aussi contraignants ?

Une fois de plus, nous serons confrontés à l'implacable choix que nous laisse l'expérience des AA : essayer de toutes nos forces ou retourner à nos égarements. À ce stade de la course, il s'exerce sur nous une forte pression, une contrainte qui nous pousse vers la bonne décision. Nous sommes forcés de choisir entre le prix de l'effort et les conséquences d'un refus d'essayer. Les premiers pas se font d'assez mauvaise grâce dans ce cheminement, mais nous les faisons tout de même. Nous n'avons peut-être pas encore une très haute opinion de l'humilité comme vertu personnelle à rechercher, mais nous voulons bien la reconnaître comme un soutien nécessaire à notre survie.

Puis, une fois que nous avons accepté de regarder bien en face certains de nos défauts, une fois que nous en avons parlé avec une autre personne et que nous avons consenti à ce qu'ils soient éliminés, notre perception de l'humilité commence à s'élargir. Selon toute probabilité, nos handicaps les plus sérieux nous auront laissé quelque répit. Par moments, nous connaissons une véritable paix d'esprit. Pour ceux d'entre nous qui n'avaient connu jusqu'ici que l'agitation, la dépression ou l'angoisse — en d'autres mots, pour nous tous — cette paix toute neuve arrive comme un présent inestimable. C'est vraiment du nouveau qui vient de s'ajouter. Auparavant, l'humilité ne signifiait rien d'autre qu'humiliations obligatoires mais peu à peu, elle se transforme en aliment substantiel qui peut nous donner la sérénité.

Cette perception améliorée de l'humilité amorce, dans notre vision des choses, un autre changement radical. De plus en plus, nous prenons conscience des immenses bienfaits qui résultent de ce douloureux dégonflement de notre ego. Jusqu'ici, notre existence était largement consacrée à échapper à la souffrance et aux difficultés. Nous voulions les fuir comme la peste. Jamais nous ne voulions envisager la réalité de la souffrance. Nous choisissions toujours de nous évader par la bouteille. Passe encore pour les saints de forger leur caractère dans la souffrance, mais pour nous, il n'y avait là rien d'attrayant.

Puis, chez les AA, nous avons observé et écouté. Partout, nous avons vu comment l'humilité transforme les échecs et les malheurs en ressources sans prix. L'un après l'autre, les récits que nous avons entendus nous montraient comment l'humilité a su tirer la force de la faiblesse. Dans chaque cas, l'accès à une vie nouvelle avait coûté quelque souffrance et pour ce prix d'entrée, on pouvait tirer bien plus d'avantages que nous le pensions. On obtenait une bonne mesure de l'humilité dont nous avons vite reconnu les propriétés curatives. Peu à peu, nous en sommes venus à moins redouter la souffrance et nous avons plus que jamais aspiré à l'humilité.

Au cours de cet apprentissage de l'humilité, c'est dans notre attitude envers Dieu que s'est produit le plus profond changement. Et on a pu le vérifier aussi bien chez les croyants que chez les incroyants. Progressivement, nous avons dépassé l'image de la Puissance supérieure qui en faisait une sorte de relève qu'on rappelle d'une obscure équipe mineure dans les cas d'urgence. Peu à peu s'est évaporée l'idée que nous pourrions encore, avec un coup de pouce de Dieu ici et là, conduire notre vie à notre façon. Un bon nombre de ceux qui se croyaient pourtant religieux ont soudainement pris conscience des limites d'une telle attitude. En refusant de laisser à Dieu la première place, nous nous étions privés de Son secours. Mais désormais, nous pouvions apprécier le sens lumineux et prometteur de cette parole : « De moi-même, je ne suis rien, c'est le Père qui agit en moi ».

Nous avons compris que, pour devenir humbles, il n'est pas nécessaire d'y être contraints. Nous pouvons rechercher l'humilité de plein gré ou l'acquérir sous le coup de la souffrance. Il s'est produit un tournant important dans notre vie quand l'humilité est devenue une valeur recherchée plutôt qu'une *obligation*. Nous étions alors arrivés au point où nous pouvions commencer à comprendre toute la signification de la Septième Étape : « Nous Lui avons humblement demandé de faire disparaître nos déficiences ».

Au moment d'entreprendre réellement la Septième Étape, il y aurait lieu pour nous, membres des AA, de nous interroger une fois de plus sur la nature de nos objectifs fondamentaux. Chacun de nous souhaiterait bien vivre en paix avec lui-même et avec son entourage. Nous aimerions être assurés que la grâce peut accomplir pour nous ce que nous ne pouvons pas faire par nous-mêmes. Nous avons vu comment certains défauts de caractère, alimentés par des désirs bornés et futiles, peuvent nous éloigner de ces objectifs. Nous voyons très bien maintenant combien nous avons été déraisonnables dans nos exigences envers nous-mêmes, envers les autres et envers Dieu.

Nos défauts ont été principalement alimentés par la peur égoïste — en particulier la peur qui nous faisait craindre de perdre un bien déjà acquis ou celle de ne pas obtenir ce que nous demandions. À toujours exiger sans jamais obtenir satisfaction, nous étions constamment perturbés et frustrés. Nous ne pouvions donc connaître la paix à moins de trouver le moyen de réduire nos exigences. Chacun connaît bien la différence entre une exigence et une simple attente.

C'est par la Septième Étape que nous changeons d'attitude, ce qui nous permet, en nous laissant guider par l'humilité, de sortir de nous-mêmes pour aller vers les autres et vers Dieu. La Septième Étape met entièrement l'accent sur l'humilité. Elle nous dit réellement qu'il nous faut maintenant être disposés à mettre l'humilité en œuvre dans notre tentative d'éliminer nos autres déficiences, tout comme nous l'avions fait quand nous avons admis que nous étions impuissants devant l'alcool et quand nous en sommes venus à croire qu'une Puissance supérieure à nous-mêmes pouvait nous rendre la raison. Puisque c'est par un tel acte d'humilité que nous avons pu trouver la grâce d'être soustraits à notre fatale obsession, il y a sûrement lieu d'espérer le même résultat avec tout autre problème qui pourrait nous affliger.

Huitième Étape

« Nous avons dressé une liste de toutes les personnes que nous avions lésées et consenti à leur faire amende honorable. »

LES Huitième et Neuvième Étapes touchent à nos relations personnelles. Nous examinons d'abord notre passé pour tâcher d'y découvrir à quels moments nous avons été fautifs ; ensuite, nous nous appliquons fermement à réparer les torts que nous avons causés ; en troisième lieu, après nous être ainsi débarrassés de tous ces débris du passé, nous nous demandons comment nous pourrons, avec notre nouvelle connaissance de nous-mêmes, construire les meilleures relations possibles avec chacune des personnes que nous connaissons.

C'est un très gros contrat. C'est une tâche à laquelle nous pourrons devenir toujours plus habiles, mais que nous n'achèverons jamais réellement. Apprendre à vivre en toute paix, communion et fraternité avec tout homme et toute femme de toutes conditions, c'est une aventure émouvante et fascinante. Chacun des membres des AA a compris qu'il ne peut guère progresser dans cette nouvelle façon de vivre, sans faire d'abord un retour en arrière pour constater dans toute sa dimension l'ampleur des ravages humains qu'il a laissés dans son sillage. Jusqu'à un certain point, il l'a déjà fait lors de son inventaire moral, mais le moment est maintenant venu de redoubler d'efforts pour découvrir toutes les personnes qu'il a blessées et comment il l'a fait. À première vue, il lui paraîtra comme une chirurgie parfaitement inutile de rouvrir ces plaies du cœur dont certaines ont vieilli, ou sont peut-être oubliées, ou sont encore infectées et douloureuses. Mais si on y met toute sa bonne volonté, les précieux avantages de cet exercice se révéleront si rapidement que le malaise en sera apaisé au fur et à mesure de la disparition successive des obstacles.

Ces obstacles, pourtant, n'en sont pas moins réels. Le premier et le plus difficile a trait au pardon des offenses. Dès qu'on se penche sur une relation embrouillée ou rompue, les émotions passent à la défensive. Pour échapper à l'examen de nos torts envers notre prochain, nous nous tournons avec animosité sur le mal qu'on nous a fait. C'est souvent ce qui arrive si, de fait, la conduite des autres est le moindrement répréhensible. Triomphalement, nous sautons sur cette inconduite et nous en faisons l'excuse parfaite pour atténuer la nôtre ou l'oublier.

Ici déjà, nous devons nous prendre en mains. Il serait insensé que l'éponge reproche au buvard de trop boire. Rappelons-nous que les alcooliques ne sont pas les seuls à être victimes d'émotions déréglées. De plus, il est généralement admis que notre conduite de buveurs intensifiait les défauts des autres. Plus d'une fois, nous avons poussé nos meilleurs amis à la limite de leur patience et nous avons même réussi à mettre dans une colère bleue ceux qui ne nous tenaient pas en très haute estime. Dans bien des cas, il s'agit de compagnons d'infortune, dont nous avons aggravé les déboires. Si nous nous disposons à implorer le pardon pour nous-mêmes, pourquoi ne pas commencer par pardonner aux autres une fois pour toutes ?

En faisant la liste des personnes que nous avons lésées, nous nous heurtons la plupart du temps à un autre obstacle de taille. Ce fut en effet tout un choc pour nous de penser que nous allions faire l'aveu de notre conduite méprisable aux gens que nous avions offensés. C'était déjà bien assez embarrassant de faire ces aveux confidentiellement à Dieu, à nous-mêmes et à un autre être humain. La perspective d'aller personnellement vers les gens en cause, ou même simplement de leur écrire, nous confondait totalement, surtout lorsque nous pensions à la piètre estime dont nous jouissions aux yeux de la plupart d'entre eux. Il y avait aussi des cas où nous avions causé du tort à des gens qui, heureusement, n'en savaient encore rien. Pourquoi ne pas les oublier, tout simplement ? Pourquoi réveiller le chat qui dort ? Ce sont là des exemples des détours que nous inspiraient la crainte et l'orgueil pour nous empêcher de faire la liste *complète* de toutes les personnes que nous avions lésées.

Dans certains cas, toutefois, nous avons été confrontés à un tout autre obstacle. Nous protestions avec obstination qu'en buvant, nous n'avions jamais causé de tort à personne si ce n'est à nous-mêmes. Notre famille n'avait pas souffert puisque nous payions les factures et buvions rarement à la maison. Nos associés en affaires n'avaient pas souffert puisque, d'habitude, nous étions assidus au travail. Notre réputation n'avait pas souffert, car nous étions certains que bien peu de gens savaient que nous buvions. Ceux qui étaient au courant allaient même parfois jusqu'à nous dire que pour une personne rangée, une joyeuse cuite était tout à fait excusable. Qu'avions-nous tant fait de mal, alors ? Certainement pas plus que des peccadilles qu'il serait facile de réparer par quelques excuses polies.

On reconnaît là, bien sûr, l'attitude de celui qui veut délibérément oublier. Seul un examen honnête et approfondi de nos intentions et de nos actes peut la corriger.

Bien qu'en certains cas, il nous soit tout à fait impossible de réparer, ou qu'il soit préférable d'en retarder le moment, nous devrions quand même faire l'examen détaillé et complet de la façon dont notre vie a pu affecter les autres. Nous découvrirons qu'en plusieurs occasions, les dommages causés aux autres ont peut-être été minimes, mais nous nous sommes infligés un dur choc émotif. Des conflits émotifs néfastes et très profonds persistent au niveau de notre subconscient. Au moment où ils se sont produits, nos émotions ont pu être mises à rude épreuve, créant de ce fait un effet négatif sur notre personnalité et notre vie.

Bien qu'il soit extrêmement important de réparer nos torts, il demeure tout aussi nécessaire, dans l'examen de nos relations personnelles, de dégager dans les moindres détails tout renseignement sur notre façon d'être et sur nos difficultés les plus profondes. Puisque la mauvaise qualité de nos relations avec les autres a presque toujours été la cause immédiate de nos malheurs, y compris notre alcoolisme, c'est sans contredit le champ d'examen qui devrait nous fournir les résultats les plus précieux et les plus satisfaisants. Une réflexion calme et attentive sur nos relations peut nous aider à nous connaître plus en profondeur. Nous pouvons dépasser de beaucoup l'aspect superficiel de nos travers et découvrir nos déficiences fondamentales, celles qui expliquent notre façon d'être et d'agir. Comme nous l'avons constaté, ici c'est le souci d'être absolument intègre qui rapporte — et qui rapporte beaucoup.

Nous pourrions ensuite nous demander ce que nous entendons par le terme « léser » d'autres personnes. Comment, en fin de compte, peut-on léser une autre personne ? Pour définir ce mot d'une façon concrète, nous pourrions dire que c'est le résultat d'un conflit d'instincts d'où résultent pour les autres des dommages physiques, mentaux, émotifs ou spirituels. Par notre constante mauvaise humeur, nous incitons les autres à la colère. Par nos mensonges et nos tricheries, nous ôtons aux autres non seulement leurs biens matériels, mais aussi leur sécurité émotive et leur paix d'esprit. C'est tout comme si nous les invitions au mépris et à la vengeance. Par notre conduite sexuelle égoïste, nous pouvons susciter de la jalousie, de la détresse, et un puissant désir de vengeance.

Ces grands écarts de conduite sont bien loin d'épuiser le répertoire des torts infligés aux autres. Pensons un peu à certains autres plus subtils qui peuvent parfois produire tout autant de dégâts. Supposons qu'au foyer, nous nous montrons grippe-sou, irresponsables, sans cœur et distants. Supposons que nous sommes irritables, rouspéteurs, impatients et sans humour. Supposons que nous accordons toute notre attention à notre préféré dans la famille en négligeant les autres. Qu'arrive-t-il quand nous voulons agir en dictateur au foyer en imposant des règles rigides ou en donnant constamment des directives sur la façon dont chacun devrait se comporter à tout instant ? Qu'arrive-t-il quand nous sombrons dans la dépression, quand nous sommes envahis par l'apitoiement et que nous en accablons notre entourage ? On pourrait prolonger presque à l'infini cet inventaire des torts infligés à notre entourage, ceux qui rendent difficile et souvent insupportable la vie des autres auprès d'alcooliques actifs. Si nous nous montrons sous ce jour à l'usine, au bureau ou en tout autre lieu public, nous pouvons faire presque autant de ravages qu'à la maison.

Après avoir soigneusement complété l'examen de toute la sphère de nos relations humaines, et après avoir déterminé avec précision les traits de notre personnalité qui blessaient ou dérangeaient les autres, nous pouvons maintenant commencer à fouiller notre mémoire pour identifier les personnes que nous avons offensées. Il ne devrait pas être difficile de repérer les plus proches et les plus gravement touchées. Puis, en reculant d'année en année dans notre passé, aussi loin que notre mémoire peut nous conduire, nous finirons par dresser une longue liste de personnes qui ont été affectées d'une façon ou de l'autre. Nous devrions évaluer avec soin chacun des cas en particulier. Nous voudrons nous en tenir à reconnaître *nos* torts, tout en pardonnant le mal, imaginaire ou réel, qui nous a été fait. Nous devrions éviter les jugements radicaux, tant à notre sujet qu'au sujet des personnes concernées. Nous ne devons exagérer ni leurs défauts ni les nôtres. Nous garderons comme objectif ferme de tout considérer avec pondération et objectivité.

Dès que notre crayon deviendra hésitant, nous puiserons force et courage en songeant aux bienfaits qu'ont récoltés tant d'autres membres par la pratique de cette Étape. Car c'est le commencement de la fin de l'isolement d'avec notre entourage et Dieu.

Neuvième Étape

« Nous avons réparé nos torts directement envers ces personnes partout où c'était possible, sauf lorsqu'en ce faisant nous pouvions leur nuire ou faire tort à d'autres. »

UN bon jugement, le souci de trouver le moment propice, du courage et de la prudence, telles sont les dispositions requises pour aborder la Neuvième Étape.

Après avoir dressé la liste des personnes que nous avons lésées, après avoir soigneusement réfléchi sur chaque cas, et après nous être efforcés d'adopter l'attitude la mieux indiquée pour notre démarche, nous constaterons que la réparation directe de nos torts répartit en plusieurs catégories les gens que nous voulons rencontrer. Il y aura ceux que nous devrons approcher aussitôt que nous serons assez confiants de conserver notre sobriété. Il y en aura d'autres à qui nous ne pourrons faire qu'une réparation partielle pour éviter que certaines révélations leur fassent, à eux ou à d'autres, plus de mal que de bien. Il y en aura d'autres pour qui il sera préférable d'attendre, et d'autres encore que nous ne pourrons jamais rencontrer personnellement à cause des circonstances.

La plupart font une certaine réparation directe dès leur arrivée chez les Alcooliques anonymes. Dès que nous disons à nos proches que nous voulons vraiment mettre le programme en pratique, la démarche est déjà entreprise. Quand il s'agit de la famille, il est rarement nécessaire d'exercer une certaine prudence ou d'attendre le moment opportun. Nous voulons leur crier la bonne nouvelle dès

que nous entrons dans la maison. Au retour de notre première réunion, ou en terminant la lecture du livre *Les
Alcooliques anonymes,* nous ne demandons ordinairement
pas mieux que de prendre quelques instants avec l'un des
nôtres pour reconnaître tout le mal causé par nos abus
d'alcool. Presque toujours, nous voulons faire un pas de
plus et avouer certains autres défauts qui nous ont rendus
difficiles à vivre. Ce moment-là sera tout à fait différent et
en parfait contraste avec ces lendemains de cuite où nous
blâmions tantôt nous-mêmes, tantôt nos proches (ou le
monde entier) de tous nos maux. Lors de ce premier entretien, il n'y a rien de plus à faire qu'un aveu général de nos
défauts. Il ne serait peut-être pas sage de raviver le souvenir de certains épisodes pénibles. Notre bon jugement nous
suggérera de ne pas aller trop vite. Nous sommes sans
doute disposés à révéler nos pires inconduites, mais nous
devons d'abord nous rappeler bien clairement qu'on ne
peut acheter la paix de sa conscience aux dépens des autres.

Au bureau ou à l'usine, on procédera sensiblement de la
même manière. Nous penserons tout de suite aux quelques
personnes qui connaissent bien nos excès et qui en ont le
plus souffert. Mais même avec elles, nous devrons sans
doute user d'un peu plus de discrétion qu'avec notre famille. Peut-être sera-t-il préférable de ne rien dire avant
quelques semaines ou même plus. Nous voudrons d'abord
nous assurer un peu mieux d'être vraiment raccordés aux
AA. Alors nous serons prêts à rencontrer ces personnes
pour leur expliquer ce que sont les AA et ce que nous
essayons de faire. Ces précautions prises, nous pouvons
sans crainte avouer nos méfaits et présenter nos excuses.
Nous pouvons acquitter, ou promettre d'acquitter, toutes

nos dettes ou autres obligations. Nous serons souvent étonnés de la réaction généreuse de la plupart des gens à une sincérité aussi spontanée. Même ceux qui nous jugeaient le plus sévèrement, et qui avaient le plus de raisons de le faire, feront bien souvent vers nous plus que la moitié du chemin dès notre première démarche.

Ce climat d'approbation et de louange peut nous exalter au point de nous faire perdre notre équilibre et de faire naître en nous un insatiable appétit pour ce genre de traitement à notre égard, à moins que nous ne versions dans l'autre direction devant l'accueil froid et sceptique que nous aurons exceptionnellement servi quelques personnes. Nous serons alors portés à riposter, à insister sur nos arguments, ou bien nous serons enclins au découragement et au pessimisme. Mais si nous sommes bien préparés, ces réactions ne sauraient nous détourner de nos fermes intentions.

Au terme de cette première expérience dans la réparation de nos torts, nous pourrions nous sentir soulagés au point d'en conclure que notre travail est terminé. Nous aurons le goût de nous reposer sur nos lauriers. La tentation peut être forte d'esquiver les rencontres humiliantes et plus redoutables qui restent encore. Nous nous fabriquerons souvent des excuses plausibles pour écarter complètement cette perspective ou plus simplement, nous remettrons à plus tard, sous prétexte que le bon moment n'est pas encore arrivé, quand en fait nous aurons déjà négligé plus d'une occasion favorable de réparer une faute très grave. Ne parlons pas de prudence si c'est l'évasion que nous pratiquons.

Dès que nous acquérons un peu d'assurance dans notre nouveau mode de vie et que, par notre conduite et notre exemple, nous avons un peu convaincu notre entourage du changement positif qui s'opère en nous, le moment est généralement venu d'aborder en toute franchise les gens qui ont été plus gravement affectés et même ceux qui ne seraient que peu ou pas conscients du tort que nous leur avons fait. Nous ne ferons d'exception que si nos révélations peuvent être vraiment nuisibles. Ces conversations peuvent s'engager d'une façon toute spontanée et naturelle. Mais si l'occasion de leur parler ne se présente pas, un jour viendra où nous voudrons rassembler tout notre courage, nous rendre directement chez la personne concernée et mettre cartes sur table. Il est inutile de nous morfondre en regrets excessifs devant les gens que nous avons lésés : les réparations de ce genre doivent se faire sans détour et sans mesquinerie.

Une seule circonstance peut justifier notre désir de ne pas dévoiler entièrement le tort que nous avons causé. Elle se présentera occasionnellement lorsqu'une révélation complète pourrait nuire à la personne à qui nous voulons justement présenter nos excuses, ou encore faire tort à d'autres personnes, ce qui est tout aussi important. Nous ne pouvons pas, par exemple, accabler notre conjoint par le récit détaillé d'aventures extramaritales dont il ne se doutait pas. S'il devient nécessaire d'en parler, tâchons, même dans ce cas, d'éviter toute retombée fâcheuse pour des tierces personnes, quelles qu'elles soient. Ce n'est pas une façon d'alléger notre fardeau que d'alourdir inconsidérément la croix des autres.

Plus d'une fois, dans d'autres facettes de notre vie, nous marcherons ainsi sur la corde raide au nom de ce même principe. Supposons, par exemple, que nous avons consommé en alcool l'équivalent d'un bon montant d'argent « emprunté » à notre entreprise ou obtenu en soufflant des notes de frais. Supposons qu'en ne disant rien, nous puissions garder le secret sur ce manège. Allons-nous sur-le-champ confesser ces malhonnêtetés à notre employeur en sachant pertinemment que nous serons congédiés et que les possibilités d'emploi seront nulles ? Allons-nous, par un souci rigide d'honnêteté dans la réparation de nos torts, nous moquer du sort de notre famille ? Ne faut-il pas en parler d'abord à ceux qui en subiront les dures conséquences ? Ne faut-il pas soumettre le problème à notre parrain ou à notre conseiller spirituel, et demander avec ferveur l'aide et l'inspiration de Dieu, quitte entre-temps à prendre la résolution de faire à n'importe quel prix notre devoir lorsque nous le connaîtrons clairement ? Bien sûr, il n'existe pas de solution magique à tous ces dilemmes, mais dans tous les cas, il faut quand même être entièrement disposés à réparer nos torts le plus tôt et le mieux possible selon les circonstances.

Par-dessus tout, nous devrions faire l'effort de nous assurer, au-delà de tout doute, que nous n'obéissons pas à la peur en retardant notre démarche. Être disposés à assumer toutes les conséquences de nos actes passés, et à prendre en même temps la responsabilité du bien-être des autres, tel est le véritable esprit de la Neuvième Étape.

Dixième Étape

« Nous avons poursuivi notre inventaire personnel
et promptement admis nos torts dès que nous nous
en sommes aperçus. »

EN travaillant les neuf premières Étapes nous nous
préparons à l'aventure d'une vie nouvelle. Quand
nous entreprenons la Dixième Étape, nous commençons à
mettre en pratique le mode de vie des AA, jour après jour,
beau temps mauvais temps. Mais voici venue la minute de
vérité : pouvons-nous demeurer sobres, garder notre équilibre émotif et, en toutes circonstances, mener une vie qui
sert à quelque chose ?

Il est de toute nécessité pour nous, alcooliques, de garder constamment à l'esprit nos forces et nos faiblesses et
de désirer sincèrement apprendre à grandir à travers elles.
C'est ce que nous avons appris à rude école. Bien sûr, il y
a des sages de toute époque et de tout pays qui ont observé
cette pratique de s'examiner et de s'évaluer sans ménage-
ment. Les sages ont toujours su que personne ne peut
parvenir à grand-chose dans la vie sans acquérir l'habitude
régulière de l'examen personnel, sans en venir à l'aveu et
à l'acceptation de ce que révèle cet examen, et sans chercher avec patience et persévérance à corriger ce qui ne va
pas.

Lorsqu'un alcoolique se réveille avec une horrible gueule de bois parce qu'il a trop bu la veille, il ne peut pas
passer une bonne journée. Mais il existe une autre sorte de
gueule de bois que tous, buveurs ou pas, connaissent par
expérience. Elle se situe au plan émotif et résulte directe-

ment d'un excès de sentiments négatifs vécus la veille ou parfois le jour même : colère, peur, jalousie, etc. Si nous voulons vivre dans la sérénité aujourd'hui et demain, nous devons certainement nous défaire de cette sorte de gueule de bois. Il ne s'agit pas pour autant de ressasser morbidement notre passé. Il faut passer *tout de suite* à l'aveu et à la correction de nos erreurs. Notre inventaire nous permet de liquider notre passé. Une fois que c'est fait, nous pouvons vraiment le laisser derrière nous. Si nous avons bien fait notre inventaire, et si nous nous sommes mis en paix avec nous-mêmes, nous en retirons l'assurance de pouvoir relever au fur et à mesure les défis qui se présenteront demain.

Bien qu'en principe tous les inventaires se ressemblent, le facteur temps les distingue les uns des autres. Il y a l'inventaire rapide qu'on fait à n'importe quelle heure du jour dans les moments de confusion. Il y a celui qu'on fait à la fin de la journée pour passer en revue les événements des dernières heures. Dans ce cas, nous dressons un bilan, et nous inscrivons à l'actif ce que nous avons fait de bon, et au passif, ce qui nous laisse en dette. Puis, il y a ces autres occasions où, seuls ou en compagnie de notre parrain ou de notre conseiller spirituel, nous évaluons avec soin le progrès accompli depuis la dernière fois. Bon nombre de membres font un grand ménage une ou deux fois par année. Il y en a beaucoup aussi qui, occasionnellement, se retirent loin du monde pour profiter en toute tranquillité d'une journée consacrée à l'examen de soi et à la méditation.

Ces pratiques ne sont-elles pas un rabat-joie aussi bien qu'une perte de temps ? Les AA doivent-ils perdre le plus clair de leurs journées à ressasser tristement tous leurs péchés d'action et d'omission ? Pas vraiment. L'accent est mis avec insistance sur l'inventaire parce qu'un très grand nombre, chez nous, n'ont jamais vraiment acquis l'habitude de s'analyser à fond. Une fois bien ancrée cette habitude salutaire, elle deviendra si intéressante et profitable qu'on ne regrettera pas le temps qu'on y met. Les minutes ou parfois les heures consacrées à ces examens personnels ne manqueront pas de rendre meilleures et plus heureuses toutes les autres heures de notre journée. Et à la longue, ces inventaires font partie intégrante de notre vie quotidienne ; ils ne sont plus une pratique inusitée ou isolée.

Avant d'examiner la pratique de l'inventaire rapide, jetons un regard sur le genre d'ambiance qui lui permet d'être efficace.

Dans la vie spirituelle, il y a un principe voulant que tout malaise, quelle qu'en soit la cause, soit l'indice qu'*en nous-mêmes*, quelque chose ne va pas. Si quelqu'un nous offense et que nous en sommes aigris, là aussi, nous sommes en faute. Mais n'y a-t-il aucune exception à cette règle ? Qu'en est-il de la colère « justifiée » ? Si on est trompé, n'a-t-on pas raison d'être furieux ? Ne peut-on pas s'impatienter à bon droit face aux gens qui se donnent toujours raison ? Pour les membres des AA, ce sont des exceptions dangereuses. Nous avons constaté qu'il valait mieux laisser les colères justifiées aux gens plus habiles que nous à transiger avec elles.

Peu de gens ont autant souffert de leur ressentiment que nous. Il importait peu qu'il soit justifié ou non. Une saute d'humeur suffisait à gâcher toute une journée, et pour quelque rancœur bien alimentée, nous pouvions tomber dans une pitoyable léthargie. De plus, nous n'avons jamais été très habiles à distinguer la colère justifiée de la colère non justifiée. À nos yeux, elle l'était toujours. La colère, ce luxe que peuvent parfois se payer des gens mieux équilibrés, pouvait nous garder indéfiniment dans une sorte d'ivresse émotive. Souvent, ces « cuites sèches » dans nos sentiments nous ont conduits directement à la bouteille. Il en était de même des autres émotions fortes, comme la jalousie, l'envie, l'apitoiement ou l'humiliation.

L'inventaire rapide, pratiqué au beau milieu de semblables agitations, peut nous être d'un grand secours pour apaiser une tempête d'émotion. L'inventaire quotidien, lui, concerne les situations qui se sont déroulées durant la journée. Il vaut mieux, lorsque c'est possible, reporter à un autre moment choisi à cette fin l'analyse des difficultés de plus longue date. L'inventaire instantané vise les hauts et les bas de chaque jour, en particulier ceux qui, à cause de certaines personnes ou d'événements nouveaux, nous font perdre l'équilibre et nous portent à commettre des erreurs.

Dans toutes ces situations, il nous faut de la maîtrise, il faut analyser honnêtement ce qui est en cause, et nous disposer à nous avouer coupables, si nous le sommes, ou à pardonner si le coupable est ailleurs. Il ne faut pas nous décourager si nous commettons les mêmes erreurs qu'autrefois car il est difficile de se corriger. Nous devons viser le progrès, et non la perfection.

Notre premier objectif sera d'acquérir de la maîtrise de soi. Cet objectif doit être prioritaire. Lorsque nous parlons trop vite ou sans réfléchir, nous perdons sur-le-champ toute chance d'être équitables et tolérants. Une seule remarque malicieuse, un seul jugement brusque et emporté peut gâcher une relation pour le reste de la journée ou même pour toute une année. Rien ne rapporte autant que de retenir sa langue ou sa plume. Nous devons éviter les critiques irréfléchies ainsi que les discussions violentes et orageuses. Il en va de même de la bouderie ou du silence méprisant. Ce sont des pièges émotifs avec des appâts d'orgueil et de vengeance. Notre première tâche consiste à les contourner. Si l'appât nous tente, nous devons prendre l'habitude de nous éloigner et de réfléchir. Tant que la maîtrise de soi n'est pas devenue une seconde nature, il nous est impossible de penser et d'agir de façon profitable.

Il n'y a pas que les problèmes désagréables ou inattendus qui exigent de la maîtrise de soi. Nous devons être tout aussi prudents avec nos premiers succès matériels ou sociaux. Plus que quiconque, nous avons été assoiffés de triomphes personnels ; nous nous abreuvions au succès comme à un vin qui ne manquait jamais de nous enivrer. Si le sort nous favorisait pour un temps, nous rêvions de triomphes encore plus éclatants sur les gens et les choses. Aveuglés par une telle confiance orgueilleuse en nous-mêmes, nous étions portés à jouer les grands personnages. Évidemment, les gens nous fuyaient, dégoûtés ou meurtris.

Nous voici maintenant chez les AA, sobres et en voie de regagner l'estime de nos amis ou de nos compagnons de travail : encore là, nous voyons qu'il nous faut exercer une vigilance particulière. Pour nous préserver de ces élans de supériorité, nous pouvons nous modérer en nous rappelant que si nous sommes sobres aujourd'hui, c'est uniquement par la grâce de Dieu ; les succès que nous avons pu récolter sont bien plus les Siens que les nôtres.

En fin de compte, nous commençons à constater que tous les êtres humains, y compris nous-mêmes, souffrent jusqu'à un certain point de faiblesses émotives et qu'ils sont fréquemment dans l'erreur. Nous nous approchons alors de la vraie tolérance et nous découvrons ce que signifie l'amour authentique du prochain. Plus nous progresserons, plus nous verrons clairement qu'il est inutile de nous mettre en colère ou de nous sentir blessés par des personnes qui souffrent, comme nous, de douleurs de croissance.

Il faudra du temps, peut-être beaucoup de temps, pour obtenir une transformation aussi radicale. Peu de gens peuvent franchement prétendre qu'ils aiment tout le monde. Pour la plupart, nous devons admettre que nous avons aimé bien peu de gens, que nous sommes restés indifférents à la majorité jusqu'à ce que l'un ou l'autre nous cause quelqu'ennui ; quant au reste, eh bien ! c'était ceux que nous n'aimions vraiment pas ou que nous détestions franchement. Bien que ce soit là des attitudes assez courantes, les AA constatent que, pour garder leur équilibre, il leur faut faire beaucoup mieux. Nous ne pouvons pas vivre avec des haines profondes. Il nous faut abandonner, ne serait-ce que peu à peu, l'idée que nous pouvons aimer quelques personnes de façon possessive, ignorer le grand nombre et entretenir de la crainte ou de la haine envers *qui que ce soit*.

Nous pouvons essayer d'arrêter nos exigences déraisonnables envers ceux que nous aimons. Il est possible de démontrer de la bonté à ceux pour qui nous n'en avions pas. Quant à ceux que nous n'aimons pas, nous pouvons commencer à exercer envers eux justice et courtoisie, et peut-être nous donner la peine de les comprendre et de les aider.

Si nous fautons envers ces personnes, nous pouvons l'avouer sans délai — à nous-mêmes, toujours, et aussi à elles si notre aveu peut avoir quelque utilité. La courtoisie, la bonté, la justice et l'amour sont les notes clés qui nous permettent d'entrer en harmonie avec presque tout le monde. Dans le doute, on peut toujours s'arrêter et dire : « Que Ta volonté soit faite, et non pas la mienne. » Et nous pouvons souvent nous poser la question : « Est-ce que je fais aux autres ce que je voudrais qu'ils me fassent — aujourd'hui ? »

Le soir venu, au moment de nous mettre au lit par exemple, nous dressons presque tous le bilan de notre journée. C'est une bonne occasion de nous rappeler qu'un inventaire ne s'écrit pas toujours en rouge. Quelle pauvre journée, en effet, si nous n'y avons *rien* fait de bon ! En réalité, depuis notre réveil, nous avons ordinairement accompli toutes sortes d'actions constructives. Nos bonnes intentions, nos bonnes pensées, nos bonnes actions sont là, nous pouvons les voir. Même lorsque nos efforts les plus grands et les plus honnêtes ont échoué, nous pouvons les inscrire comme nos plus grandes victoires. Vus sous cet angle, nos pénibles échecs se transforment en gains. C'est là que nous trouvons la motivation nécessaire pour avancer. Parlant d'expérience, quelqu'un un jour faisait observer que la souffrance est le point de départ de tout progrès spirituel. Comme il est facile, pour nous, les AA, de dire que c'est vrai ! En effet, nous savons qu'il nous a fallu connaître la souffrance de l'alcoolisme avant la sobriété, et le bouleversement émotif avant la sérénité.

En parcourant la colonne des débits de notre grand livre quotidien, nous devrions examiner avec soin les motifs de chaque pensée ou de chaque action qui nous semble mauvaise. La plupart du temps, ces motifs ne seront pas difficiles à détecter ni à comprendre : nous avons réagi sous la poussée de l'orgueil, de la colère, de la jalousie, de l'anxiété ou de la peur, et c'est tout. Aujourd'hui, il nous suffit d'avouer nos pensées ou nos actions fautives, d'essayer d'imaginer l'attitude plus souhaitable que nous aurions pu prendre, et de décider, avec la grâce de Dieu, de mettre ces leçons à profit pour demain sans oublier, bien sûr, de réparer nos torts si nous avons négligé de le faire.

En d'autres circonstances, cependant, seul un examen très minutieux pourra nous révéler nos véritables motivations. Ce sont les cas où notre ennemi de vieille date, notre esprit rationnel, aura voulu justifier une conduite vraiment mauvaise. Nous sommes alors tentés de nous attribuer des raisons ou des motifs que nous n'avions pas réellement.

Nous avons fait une « critique constructive » à une personne qui en avait réellement besoin alors que notre but véritable était de gagner une discussion sans importance. Ou encore, en l'absence de l'intéressé, nous avons prétendu aider les autres à le comprendre, alors qu'en réalité, notre objectif inavoué était de le rabaisser pour nous donner un sentiment de supériorité. Nous blessons parfois les gens que nous aimons sous prétexte qu'il faut leur « donner une leçon » alors qu'en réalité, nous voulons les punir. Nous nous plaignions d'être déprimés et de nous sentir mal lorsqu'en fait nous cherchions surtout des marques de sympathie et d'attention. Cette curieuse tournure de notre esprit et de nos sentiments, cette tendance malsaine à masquer nos mauvaises intentions sous une apparence favorable, s'infiltre dans toutes les affaires humaines, des plus petites aux plus grandes. Cette inclination subtile et trompeuse à nous justifier nous-mêmes peut se refléter jusque dans nos moindres façons de penser et d'agir. Apprendre jour après jour à identifier, avouer et corriger nos faiblesses, telle est l'essence de la formation du caractère et d'une vie droite. Le regret sincère des injustices faites, la gratitude pour les bienfaits reçus, et le désir de tendre demain vers des résultats meilleurs, telles sont les valeurs permanentes que nous voudrons rechercher.

Après avoir ainsi revu notre journée, sans oublier de prendre bonne note de nos réussites et après avoir examiné nos cœurs sans crainte ni partialité, nous pouvons vraiment remercier Dieu pour les bienfaits que nous avons reçus et nous endormir la conscience en paix.

Onzième Étape

« Nous avons cherché par la prière et la médita-
tion à améliorer notre contact conscient avec
Dieu, <u>tel que nous Le concevions</u>, Lui demandant
seulement de connaître Sa volonté à notre égard
et de nous donner la force de l'exécuter. »

L A prière et la méditation sont nos principaux moyens
de communication consciente avec Dieu.

Les AA sont des gens actifs : nous goûtons, souvent
pour la première fois, la satisfaction de pouvoir nous porter avec zèle au secours du prochain alcoolique qui croise-
ra notre route. Il ne faut donc pas s'étonner que nous
soyons souvent portés à voir la méditation et la prière
sérieuses comme des choses vraiment peu nécessaires.
Bien entendu, nous croyons qu'elles pourraient nous servir
lors de crises occasionnelles, mais au départ, nous avons
plutôt tendance à y voir une sorte de mystérieuse technique propre aux ecclésiastiques, technique dont nous pourrions, peut-être, tirer quelque profit accessoire. Il est possible aussi que nous ne croyions tout simplement pas à ces
choses-là.

Pour certains nouveaux et pour ces agnostiques de jadis
qui persistent à considérer le groupe des AA comme leur
puissance supérieure, les témoignages sur le pouvoir de la
prière sembleront encore peu convaincants ou à tout le
moins discutables, malgré tout ce que la logique et l'expérience tendent à prouver. Ceux d'entre nous qui ont déjà
partagé cette attitude peuvent sûrement comprendre et
sympathiser. Quelque chose de très profond, nous nous en

souvenons, se rebellait sans cesse contre l'idée de nous incliner devant quelque Dieu que ce soit. Plusieurs d'entre nous pouvaient, eux aussi, prouver à l'aide d'une logique solide que Dieu n'existe pas. Pourquoi les accidents, la maladie, la cruauté et l'injustice partout dans le monde ? Pourquoi toutes ces vies de malheurs directement causés par des naissances infortunées et par des circonstances incontrôlables ? Il ne saurait y avoir là de justice et, par conséquent, pas de Dieu non plus.

Parfois, nous prenions une avenue légèrement différente. Bien sûr, nous disions-nous, la poule est probablement arrivée avant l'œuf. Il ne fait pas de doute que, de quelque façon, l'univers remonte à une « cause première », voire peut-être le Dieu de l'Atome qui passe par des alternances de chaud ou de froid. Mais il n'existait sûrement pas de preuve que Dieu connaît les êtres humains et s'y intéresse. Nous aimions bien le Mouvement, d'accord, et nous n'hésitions pas à répéter qu'il avait accompli des miracles. Mais nous gardions une répugnance obstinée pour la prière et la méditation, tout comme l'homme de science qui refuse de tenter une certaine expérience susceptible d'ébranler une hypothèse longuement caressée. Évidemment, nous avons fini par faire l'expérience et devant les résultats inattendus, nous avons changé d'idée ; à vrai dire, nous avons *compris*. Et c'est ainsi que nous avons été conquis à la prière et la méditation. Le même phénomène, avons-nous constaté, peut se reproduire pour quiconque veut tenter l'expérience. On a dit avec raison que « personne ne se moque de la prière sauf ceux qui ne s'y sont pas suffisamment appliqués. »

Ceux d'entre nous qui ont pris l'habitude de prier régulièrement ne voudraient pas plus s'en priver que nous ne serions prêts à refuser l'air, la nourriture ou le soleil. Et pour la même raison, quand on refuse l'air, la lumière ou la nourriture, l'organisme en souffre. De la même manière, si nous nous détournons de la prière et de la méditation, nous privons d'un soutien vital notre esprit, notre cœur et notre inspiration. Tout comme un corps sous alimenté peut défaillir, ainsi en va-t-il de l'âme. Nous avons tous besoin comme d'une lumière de cette réalité de l'existence de Dieu, de Sa force comme d'une nourriture, et de Sa grâce comme de l'air vivifiant. L'expérience de la vie chez les AA donne à cette vérité séculaire une confirmation renversante.

L'examen de conscience, la prière et la méditation sont directement reliés entre eux. Individuellement, ces pratiques peuvent procurer beaucoup de soulagement et de profit, mais quand elles sont logiquement reliées et conjuguées, elles forment une assise inébranlable pour toute notre vie. Nous recevrons, par moments, la faveur d'entrevoir l'ultime *réalité* qu'est le royaume de Dieu. Nous obtiendrons aussi le réconfort et la garantie de savoir notre propre avenir assuré dans ce royaume aussi longtemps que nous chercherons, avec tous les trébuchements qu'on voudra, à connaître et à accomplir la volonté de notre Créateur.

Comme nous l'avons vu, l'examen personnel est le moyen qui nous permet d'apporter une vision, une action et une grâce nouvelles sur la partie obscure et négative de notre personnalité. C'est une étape à franchir pour cultiver le genre d'humilité qui nous rend capables de recevoir l'aide de Dieu. Ce n'est qu'une étape toutefois. Nous voudrons aller plus loin.

Nous voudrons faire croître et fleurir ce qu'il y a de bon en chacun de nous, même chez les plus minables. Il est bien certain que nous aurons besoin d'air tonifiant et de nourriture abondante. Mais avant tout, nous chercherons du soleil : il ne pousse pratiquement rien dans le noir. C'est la méditation qui nous fait sortir au soleil. Comment, alors, allons-nous méditer ?

Au fil des siècles, il s'est évidemment accumulé une expérience considérable de la prière et de la méditation. Les bibliothèques et les lieux du culte du monde entier regorgent de trésors ouverts à tous les chercheurs. Il est à souhaiter que tous les membres des AA, déjà encouragés à la méditation par leur appartenance religieuse, se remettent comme jamais auparavant à la pratique de cet exercice. Mais qu'advient-il de tous les autres qui n'ont pas cet avantage et qui ne savent même pas par où commencer ?

Eh bien ! nous pourrions commencer comme ceci. Prenons d'abord une vraie bonne prière. Nous n'aurons pas loin à chercher : les grands hommes et les grandes femmes de toutes les religions nous en ont laissé une riche provision. Arrêtons-nous à l'une d'entre elles, qui est classique.

Depuis maintenant plusieurs siècles, son auteur a été reconnu comme un saint. Nous n'en serons pour autant ni effrayés ni biaisés, car même s'il n'était pas un alcoolique, il a connu comme nous des déchirements émotifs. Et au sortir de cette expérience douloureuse, il exprimait, dans la prière qui suit, ce qu'il pouvait désormais voir et sentir et ce qu'il désirait devenir :

« Seigneur, fais de moi un instrument de Ta Paix ; là où se trouve la haine, que j'apporte l'amour ; là où se trouve l'offense, que j'apporte l'esprit de pardon ; là où se trouve la discorde, que j'apporte l'harmonie ; là où se trouve l'erreur, que j'apporte la vérité ; là où se trouve le doute, que j'apporte la foi ; là où se trouve le désespoir, que j'apporte l'espérance ; là où se trouve l'obscurité, que j'apporte la lumière ; là où se trouve la tristesse, que j'apporte la joie. Seigneur, fais que je cherche à consoler plutôt qu'à être consolé ; à comprendre plutôt qu'à être compris ; à aimer plutôt qu'à être aimé. Car c'est en s'oubliant que l'on trouve. C'est en pardonnant qu'on reçoit le pardon. C'est en mourant qu'on s'éveille à la Vie éternelle. Amen. »

Comme débutants en méditation, nous pourrions maintenant relire très lentement cette prière à plusieurs reprises pour savourer chacun des mots et pour essayer de comprendre le sens profond de chaque phrase et de chaque idée. Tant mieux si nous pouvons abandonner toute résistance aux paroles de notre ami. Dans la méditation, en effet il n'y a pas de place pour la controverse. Nous nous laissons porter calmement par les pensées d'une personne avertie pour y vivre une expérience et pour apprendre.

Détendons-nous, comme si nous étions allongés sur une plage ensoleillée, respirons profondément l'atmosphère spirituelle dont nous enveloppe la grâce de cette prière. Disposons-nous à nous laisser prendre, à être tonifiés, à être soulevés par ce vif courant d'énergie spirituelle, de beauté et d'amour que transportent ces paroles magnifiques. Contemplons maintenant la mer et méditons sur son mystère ; levons les yeux vers l'horizon lointain, dépassons-le pour découvrir toutes ces merveilles encore inexplorées.

« Zut, alors », s'écriera l'un ou l'autre. « C'est du délire. Ça ne rime à rien. »

S'il nous vient des réactions de ce genre, nous pourrions nous rappeler, avec un certain embarras, tout l'intérêt que nous accordions au produit de notre imagination lorsqu'elle tentait d'inventer la réalité à partir de la bouteille. C'est bien le genre de réflexions qui nous régalait, n'est-ce pas ? Bien que nous soyons sobres maintenant, ne nous arrive-t-il pas encore souvent de faire la même chose ? Le malheur n'était peut-être pas de nous servir de notre imagination, mais plutôt notre totale incapacité à orienter celle-ci dans la bonne direction. Il n'y a rien de mal à utiliser notre imagination de façon *constructive* : c'est le point de départ des plus valables réalisations. Après tout, personne ne peut construire une maison sans s'être d'abord imaginé un certain plan. Eh bien ! c'est la même chose pour la méditation : elle nous aide à visualiser notre objectif spirituel avant tout effort pour l'atteindre. Revenons donc à notre plage ensoleillée ou, si vous préférez, aux plaines et aux montagnes.

Une fois situés par cette simple formule dans une ambiance favorable au travail paisible de l'imagination constructive, nous pourrions procéder comme suit :

Nous lisons notre prière une fois de plus en essayant encore d'en saisir le sens profond. Nous penserons ensuite à cet homme qui a prononcé le premier cette prière. Avant tout, il voulait devenir un « instrument ». Puis il demandait la grâce d'apporter l'amour, le pardon, l'harmonie, la vérité, la foi, l'espérance, la lumière et la joie au plus grand nombre possible de personnes.

Il exprimait ensuite une aspiration et un espoir personnels. Il souhaitait pouvoir, avec la grâce de Dieu, trouver lui-même quelques-uns de ces trésors. Il tâcherait d'y parvenir par ce qu'il appelait l'oubli de soi. Que voulait-il dire par « oubli de soi », et comment se proposait-il de le réaliser ?

Il trouvait préférable de consoler plutôt que d'être consolé, de comprendre plutôt que d'être compris, de pardonner plutôt que d'obtenir le pardon.

Voilà, en partie, ce qu'on pourrait appeler une méditation, une toute première tentative pour entrer dans un certain état d'esprit, pour aller voyager dans le royaume de l'esprit, si vous voulez. Cette expérience devrait être suivie d'un regard attentif sur notre situation présente et sur les changements qui pourraient survenir dans notre vie si nous étions en mesure de nous rapprocher de l'idéal entrevu. La méditation est un exercice qui peut prendre sans cesse plus d'envergure. Elle ne connaît pas de limites, ni en largeur ni en hauteur. Favorisée par toutes les connaissances et tous les exemples que nous pourrons trouver, elle devient en somme une aventure personnelle que chacun de nous peut conduire à sa guise. Mais son objectif est toujours le même : améliorer notre contact conscient avec Dieu, avec Sa grâce, Sa sagesse et Son amour. Et rappelons-nous toujours qu'en réalité, la méditation est un exercice intensément pratique. Ses premiers fruits se manifestent par l'équilibre émotif. Elle nous permet d'élargir et d'approfondir la communication qui nous relie à Dieu tel que nous Le concevons.

Qu'en est-il, maintenant, de la prière ? La prière est l'élévation de notre cœur et de notre esprit vers Dieu — et en ce sens, elle comporte une méditation. Comment pouvons-nous nous y prendre ? Et comment se conjugue-t-elle avec la méditation ? Au sens où on l'entend généralement, la prière est une demande faite à Dieu. Après avoir ouvert le mieux possible la communication avec Dieu, nous veillons à demander, pour nous et pour les autres, ce qui correspond vraiment aux besoins essentiels. Et nous croyons que tous nos besoins sont inclus dans cette partie de la Onzième Étape qui dit : « ... de connaître Sa volonté à notre égard et de nous donner la force de l'exécuter ». Une telle demande convient à tous les moments de notre journée.

Le matin, nous pensons aux heures qui suivront. Peut-être penserons-nous au travail de ce jour et aux occasions qui s'y présenteront de nous rendre utiles et secourables, ou aux difficultés particulières qui pourront surgir. Aujourd'hui, ce sera peut-être la suite d'une grave difficulté que nous n'avons pas encore résolue et qui nous reste de la journée d'hier. Notre première tentation sera de demander des solutions particulières à nos problèmes particuliers, ou la capacité de rendre à d'autres personnes les services qui, à notre avis, leur sont nécessaires. Dans ce cas, nous sommes en train de demander à Dieu de faire ce que *nous* voulons. Nous devrons donc examiner avec soin chacune de nos demandes pour en évaluer le véritable bien-fondé. Même alors, à chacune de nos demandes précises, il sera bon d'ajouter cette condition : « ... si c'est là Ta volonté ». Nous demandons tout simplement à Dieu de nous donner, tout le long de cette journée, de comprendre le mieux possible Sa volonté pour cette journée-là, et la grâce qui nous permette de l'accomplir.

Au cours de la journée, lorsque nous devons faire face à certaines situations ou prendre des décisions, nous pouvons nous arrêter un instant afin de réitérer notre simple demande : « Que Ta volonté soit faite, et non la mienne ». S'il s'agit de situations qui nous jettent dans une vive agitation, nous serons plus sûrs de conserver notre équilibre en répétant (si nous nous en rappelons) une prière ou une phrase particulière qui nous a impressionnés dans nos lectures ou nos méditations. Le seul fait de redire cette pensée à plusieurs reprises nous permettra souvent de dégager un conduit bloqué par la colère, la peur, la frustration ou quelque malentendu, et de revenir à l'aide la plus efficace entre toutes dans ces moments de tension : chercher la volonté de Dieu plutôt que notre volonté propre. Lors de ces moments critiques, si nous nous rappelons qu'il est préférable « de consoler plutôt que d'être consolé, de comprendre plutôt que d'être compris, d'aimer plutôt que d'être aimé », nous marcherons suivant l'esprit de la Onzième Étape.

Évidemment, il est normal et compréhensible que revienne souvent cette question : « *Pourquoi* ne pourrions-nous pas soumettre directement à Dieu certains problèmes angoissants, et obtenir de Lui dans la prière des réponses sûres et précises à nos demandes ? »

On peut le faire, mais non sans risques. Nous avons vu des membres prier avec beaucoup de foi et de ferveur pour que Dieu leur précise la conduite à suivre dans toutes sortes de circonstances, depuis les impasses financières ou domestiques jusqu'à la correction de défauts mineurs, comme le manque de ponctualité. Assez souvent, toutefois, les indications qui nous *semblent* venir de Dieu ne sont pas du tout des réponses. On constate par la suite que ce sont des justifications inconsciemment cherchées, et avec de bonnes intentions. Le membre des AA, ou toute autre personne à vrai dire, qui tente de s'en tenir rigoureusement à ce genre de prière pour conduire sa vie, et qui s'adresse ainsi à Dieu de façon intéressée pour obtenir des réponses, devient un cas particulièrement déroutant. Devant toute objection ou critique sur sa conduite, il proclame aussitôt qu'il s'en remet à la prière pour éclairer toutes ses décisions, grandes et petites. Il ne se rend peut-être pas compte que la tendance bien humaine à se justifier et à prendre ses désirs pour des réalités ait pu fausser sa prétendue inspiration. Avec les meilleurs intentions, il est enclin à imposer sa volonté dans toutes sortes de situations et face à diverses difficultés, en se donnant la confortable assurance d'agir sous la dictée immédiate de Dieu. Aveuglé par une telle illusion, il peut évidemment causer les pires ravages sans en avoir la moindre intention.

Nous succombons aussi à une autre tentation analogue. Nous nous formons une certaine idée de ce que nous croyons être la volonté de Dieu pour d'autres personnes. Nous nous disons : « Un tel doit obtenir la guérison de sa maladie fatale », ou « tel autre doit être soulagé de ses tourments émotifs », et nous prions dans ces buts précis. De telles prières sont sans doute de bonnes actions, en principe, mais elles s'appuient souvent sur la prétention de savoir ce qu'est la volonté de Dieu à l'égard de la personne pour qui l'on prie. C'est dire qu'une prière fervente peut ainsi s'accompagner chez nous d'une certaine présomption et de quelque prétention. L'expérience des AA nous apprend que, dans ces cas en particulier, nous devons prier pour que s'accomplisse la volonté de Dieu, quelle qu'elle soit, aussi bien pour les autres que pour nous-mêmes.

Chez les AA, nous avons découvert que les résultats bénéfiques de la prière ne font aucun doute. Nous les connaissons et nous en avons fait l'expérience. Tous ceux qui ont persisté ont acquis une force qu'ils ne possédaient pas ordinairement. Ils ont trouvé une sagesse qui dépasse leur capacité usuelle. Ils ont aussi développé peu à peu une paix de l'esprit, qui se maintient dans les circonstances difficiles.

Nous découvrons qu'on peut en fait obtenir des lumières pour guider sa vie, mais sensiblement dans la même mesure où l'on cesse de prier Dieu de nous les accorder sur commande et à nos conditions. Sauf exception, tout membre d'expérience chez les AA saura dire de quelle façon remarquable et inattendue il a vu prendre une meilleure tournure à ses affaires quand il s'est appliqué à améliorer son contact conscient avec Dieu. Il attestera en plus que toutes ces périodes de souffrance et de peine, où il nous semble que la main de Dieu est bien lourde ou même injuste, lui ont enseigné de nouvelles leçons sur la vie, lui ont fait découvrir de nouvelles ressources de courage, et finalement lui ont donné l'absolue conviction qu'en effet, « les voies de Dieu sont insondables dans l'accomplissement de ses merveilles. »

Tout cela devrait rassurer ceux que la prière rebute parce qu'ils n'y croient pas, ou parce qu'ils se croient coupés du secours et de la lumière de Dieu. Nous passons tous, sans exception, par des périodes où nous ne pouvons prier qu'au prix des plus grands efforts de volonté. Il nous arrive même d'être rendus encore plus loin. Nous sommes saisis d'un tel accès de révolte que nous refusons tout simplement de prier. Lorsque ces crises surviennent nous *ne* devons pas nous juger trop sévèrement. Nous devrions nous remettre le plus tôt possible à la prière, et faire ainsi ce que nous savons être dans notre intérêt.

L'une des plus précieuses récompenses que peuvent nous apporter la prière et la méditation, c'est sans doute le sentiment d'*appartenance* que nous en tirons. Désormais, nous ne vivons plus dans un monde totalement hostile. Nous ne sommes plus perdus ou affolés, nous ne sommes plus sans but. Dès que nous pouvons, ne serait-ce qu'un instant, entrevoir la volonté de Dieu, dès que nous commençons à considérer la vérité, la justice et l'amour comme les vraies valeurs, les valeurs éternelles de la vie, plus rien ne vient nous bouleverser de tout ce qui semble être la preuve du contraire dans l'ordre purement humain qui nous entoure. Nous savons que Dieu veille avec amour sur nous. Nous savons qu'en nous tournant vers Lui, tout ira bien pour nous, ici-bas et dans l'au-delà.

Douzième Étape

« Ayant connu un réveil spirituel comme résultat de ces étapes, nous avons alors essayé de transmettre ce message à d'autres alcooliques et de mettre en pratique ces principes dans tous les domaines de notre vie. »

L A joie de vivre est le thème de la Douzième Étape des AA et l'action en est le mot clé. Ici, nous nous tournons vers l'extérieur, vers nos camarades alcooliques qui sont encore en détresse. Ici, nous vivons le genre de générosité qui n'attend aucune récompense. Ici, nous commençons à pratiquer les Douze Étapes du programme dans notre vie quotidienne, dans le but de nous procurer, à nous ainsi qu'à ceux qui nous entourent, la sobriété émotive. Vue dans toute sa portée, la Douzième Étape nous parle vraiment de cette sorte d'amour qui n'a pas de prix.

La Douzième Étape rappelle également que chacun de nous a connu, comme résultat de la pratique de toutes les Étapes, ce qu'on appelle un réveil spirituel. Pour les nouveaux membres, ceci est certainement douteux, sinon improbable. « Que voulez-vous dire, demandent-ils, par réveil spirituel ? »

Il y a peut-être autant de définitions du réveil spirituel qu'il y a de personnes qui l'ont vécu. Mais chose certaine, tous les réveils spirituels authentiques ont quelque chose en commun. Et ce qu'ils ont en commun n'est pas trop difficile à comprendre. Quand un homme ou une femme connaît un réveil spirituel, cela signifie surtout que cette personne peut désormais agir, ressentir et croire d'une façon qui lui était jusque-là impossible par ses seuls moyens et sans aucune aide. Elle a reçu un don qui équivaut à un nouvel état de conscience et à une nouvelle façon d'être. Elle a été placée sur une voie qui l'assure que désormais, elle s'avance vraiment vers un but, que la vie n'est pas un cul-de-sac, que la vie n'est pas faite pour être subie ou domptée. Dans un sens très réel, cette personne a été transformée, car elle s'est agrippée à une source d'énergie que jusque-là, d'une façon ou d'une autre, elle s'était refusée à elle-même. Elle se retrouve capable d'un niveau d'honnêteté, de tolérance, d'altruisme, de paix d'esprit et d'amour qu'elle n'avait jamais cru possible. Ce qu'elle a reçu est un don gratuit, et pourtant, au moins pour une petite partie, c'est elle-même ordinairement qui s'est disposée à le recevoir.

C'est par la pratique des Douze Étapes de notre programme que les AA se préparent à recevoir ce don. Faisons donc brièvement le point sur ce que nous avons essayé d'accomplir jusqu'ici.

La Première Étape nous proposait un étonnant paradoxe : nous avons découvert qu'il nous était totalement impossible de nous défaire de l'obsession alcoolique sans nous reconnaître d'abord impuissants devant elle. Puisque nous ne pouvions nous ramener nous-mêmes à la raison, nous avons vu, dans la Deuxième Étape, qu'une Puissance supérieure devait nécessairement le faire pour nous permettre de survivre. Conséquemment, dans la Troisième Étape, nous avons remis notre volonté et notre vie aux soins de Dieu tel que nous Le concevions. Si nous étions athées ou agnostiques, nous avons découvert que, pour le moment, notre groupe, ou le Mouvement dans son ensem-

ble, répondait suffisamment à l'idée de puissance supérieure. À partir de la Quatrième Étape, nous avons commencé à chercher en nous-mêmes ce qui nous avait conduit à la faillite physique, morale et spirituelle. Nous
avons fait un inventaire moral minutieux. En examinant la
Cinquième Étape, nous nous sommes dit qu'il ne suffirait
pas de faire seuls notre inventaire. Nous savions qu'il nous
fallait abandonner l'habitude de vivre seuls avec nos problèmes, et que nous devions en toute honnêteté les confier
à Dieu et à un autre être humain. À la Sixième Étape,
plusieurs ont eu un mouvement de recul — pour la simple
raison que tous ne voulaient pas voir disparaître tous leurs
défauts de caractère d'un seul coup car certains leur plai-
saient beaucoup trop. Nous savions pourtant qu'il fallait
en venir à quelque compromis avec le principe fondamental de la Sixième Étape. Nous avons donc conclu que,
malgré certaines faiblesses dont nous n'étions pas encore
prêts à nous départir, nous devions au moins consentir à ne
pas nous y attacher de façon entêtée et rebelle. Nous nous
sommes dit : « Il y a telle chose que je ne peux pas faire
aujourd'hui, peut-être, mais je peux arrêter de dire : 'Non
Jamais' ». Alors, dans la Septième Étape, nous avons
humblement demandé à Dieu de faire disparaître nos
déficiences dans la mesure où Il le voulait ou le pouvait,
selon nos dispositions le jour de notre demande. À la
Huitième Étape, nous avons poursuivi le nettoyage, car
nous avons constaté que nous n'étions pas en conflit seulement avec nous-mêmes, mais aussi avec d'autres personnes et situations de notre environnement. Nous devions
commencer à nous pacifier ; conséquemment, nous avons
dressé la liste des personnes que nous avions lésées et
nous nous sommes disposés à réparer nos torts. Nous
avons donné suite à cette résolution dans la Neuvième

Étape, en réparant nos torts directement auprès des personnes concernées, sauf si cela devait leur nuire ou faire tort à d'autres. À ce stade, nous arrivions à la Dixième Étape : nous avons commencé à nous donner des principes pour notre vie quotidienne et nous avons pris fortement conscience de la nécessité de poursuivre notre inventaire personnel, et d'avouer promptement nos torts au fur et à mesure. À la Onzième Étape, nous réalisions que s'il était vrai qu'une Puissance supérieure nous avait rendu la raison et nous avait rendus capables de vivre avec une certaine paix d'esprit dans un monde aussi bouleversé, alors il valait la peine de mieux connaître cette Puissance supérieure par un contact aussi direct que possible. L'usage persévérant de la prière et de la méditation, avons-nous constaté, ouvrait pleinement le canal au point que s'il n'y coulait jadis qu'un mince filet d'eau, c'était maintenant un fleuve qui nous ramenait jusqu'à la puissance certaine et à la lumière de Dieu, tel que nous pouvions de mieux en mieux Le comprendre.

Ainsi donc, la pratique de ces Étapes nous a conduits à un réveil spirituel dont la réalité ne nous laissait en fin de compte aucun doute. Chez ceux qui en étaient à leurs débuts et qui doutaient encore d'eux-mêmes, nous pouvions voir s'opérer les changements. Nous basant sur un grand nombre d'expériences semblables, nous pouvions prédire que les membres encore sceptiques qui proclamaient toujours ne pas avoir de tendances spirituelles, persistant à considérer leur cher groupe des AA comme leur puissance supérieure, en viendraient effectivement à aimer Dieu et à l'appeler par Son nom.

Qu'en est-il, maintenant, du reste de la Douzième Étape ? L'énergie formidable qui s'en dégage et qui se transforme en élan empressé de transmettre son message à d'autres alcooliques qui souffrent encore, et qui ainsi traduit en actions tangibles les Douze Étapes dans tous les domaines de nos vies, est la récompense et la magnifique réalité des Alcooliques anonymes.

Même le dernier arrivé de nos membres peut tirer des récompenses inespérées de ses efforts auprès de son frère alcoolique, de celui qui voit encore moins clair que lui. Car c'est bien là une forme de générosité qui ne demande vraiment rien en retour. L'alcoolique n'attend de son frère souffrant ni argent ni même affection. Et voilà que par le divin paradoxe de cette forme de générosité, il a déjà touché sa récompense, que son frère en ait profité ou non. Son caractère peut encore souffrir de graves défauts, mais d'une certaine manière, il sait que Dieu l'a rendu capable de faire un début très important, et il a le sentiment de se trouver au seuil de nouveaux mystères, de nouvelles joies et de nouvelles expériences dont il n'avait même jamais rêvé.

Tous les membres, ou presque, déclarent qu'ils n'ont jamais connu de satisfaction plus profonde ni de joie plus grande que par une Douzième Étape bien faite. De voir s'ouvrir avec émerveillement les yeux de ces hommes et de ces femmes qui passent des ténèbres à la lumière, de voir leur vie prendre soudainement une signification et une orientation nouvelles, de voir se réconcilier des familles entières, de voir l'alcoolique rejeté reprendre sa place de citoyen à part entière dans la communauté, et surtout de voir ces gens s'éveiller à la présence d'un Dieu d'amour dans leur vie — voilà en substance notre récompense pour avoir porté le message des AA à un autre alcoolique.

Et ce n'est pas la seule façon de faire la Douzième Étape. Lorsque nous assistons aux réunions des AA, ce n'est pas seulement pour notre profit personnel mais aussi pour apporter à d'autres le réconfort et le soutien de notre présence. Lorsque vient notre tour de parler dans une réunion, c'est une autre façon de porter le message des AA. Qu'il y ait une seule personne ou plusieurs pour nous écouter, c'est toujours du travail de Douzième Étape. Il y a plusieurs autres occasions, même pour ceux qui se sentent incapables de parler dans les réunions ou que les circonstances empêchent de faire directement la Douzième Étape auprès d'autres alcooliques souffrants. Nous pouvons être de ceux qui rendent possible le travail de Douzième Étape en accomplissant des tâches qui, tout en étant peu spectaculaires, n'en sont pas moins importantes, comme celles de préparer le café et le gâteau après les réunions ; c'est souvent là, au milieu des rires et des conversations, que des nouveaux, sceptiques et méfiants, ont trouvé la confiance et le réconfort. Voilà de la Douzième Étape à l'état pur. « Vous avez reçu gratuitement ; donnez gratuitement », telle est l'essence de cette partie de la Douzième Étape.

Il nous arrivera souvent de vivre des expériences de Douzième Étape qui nous laisseront pour un temps l'impression de ne pas être à la hauteur. Sur le coup, nous les prendrons pour des échecs, mais plus tard, nous y reconnaîtrons un tremplin pour notre progrès. Par exemple, nous voulions à tout prix apporter la sobriété à une certaine personne, et après plusieurs mois d'efforts consciencieux, voilà qu'elle rechute. Cette déception se répétera peut-être sur toute une série de cas et nous laissera profondément découragés de notre incapacité à transmettre le message des AA. À moins que l'inverse se produise et que nous soyons transportés par une apparence de succès. Nous sommes alors effleurés par la tentation de devenir quelque peu possessifs envers ces nouveaux membres. Nous cherchons peut-être à leur donner des conseils qui débordent vraiment notre compétence ou que nous ne devrions pas offrir du tout. Et alors nous sommes offusqués ou chagrinés qu'on rejette nos conseils, ou qu'on les accepte et que la situation se détériore. À force de multiplier les démarches zélées de Douzième Étape, nous pouvons adresser le message à un si grand nombre d'alcooliques qu'ils nous élèvent à un poste de confiance. Disons qu'ils nous élisent à la présidence du groupe. Une fois de plus nous sommes tentés de vouloir tout conduire et il en résulte parfois des rebuffades et d'autres conséquences qui ne sont pas faciles à accepter.

Mais à plus long terme, nous voyons bien qu'il s'agit de crises de croissance et que nous pouvons n'en tirer que du bien si nous nous en remettons de plus en plus à l'ensemble des Douze Étapes pour obtenir nos réponses.

Voici maintenant la plus difficile question de toutes. Que veut-on dire par la pratique de ces principes dans *tous* les domaines de notre vie ? Pouvons-nous éprouver pour l'ensemble du mode de vie autant d'attrait que pour la petite partie qui nous apparaît quand nous essayons d'aider un autre alcoolique à parvenir à la sobriété ? Pouvons-nous apporter dans notre vie de famille souvent perturbée le même esprit d'amour et de tolérance que dans notre groupe AA ? Pouvons-nous entretenir à l'égard des personnes que notre maladie a contaminées ou même handicapées moralement, le même niveau de confiance et d'abandon qu'à l'endroit de notre parrain ? Pouvons-nous réellement transporter l'esprit du Mouvement dans notre travail quotidien ? Pouvons-nous prendre les responsabilités que nous venons de nous reconnaître envers la société en général ? Et pouvons-nous pratiquer la religion de notre choix avec une détermination et une dévotion renouvelées ? Pouvons-nous trouver une nouvelle joie de vivre en essayant d'améliorer chacune de ces situations ?

Et encore, comment réussirons-nous à composer avec ces semblants de succès et d'échecs ? Pouvons-nous les accepter, les uns comme les autres, et nous y adapter sans découragement ni orgueil ? Pouvons-nous accepter avec courage et sérénité la pauvreté, la maladie, la solitude et le deuil ? Pouvons-nous sans broncher nous contenter de satisfactions plus modestes, mais parfois plus durables, si des succès plus éclatants et plus remarquables nous sont refusés ?

Quant à savoir si nous pouvons en venir à vivre ainsi, les AA répondent : « Oui, cela est possible ». Nous le savons parce que nous avons vu la monotonie, la douleur, et même le malheur tourner à l'avantage de ceux qui ont tenu bon dans la pratique des Douze Étapes. Si la vie a pris cette tournure pour tant d'alcooliques qui se sont rétablis chez les AA, il peut en être ainsi pour beaucoup d'autres encore.

Sans doute, aucun membre, même le meilleur, ne peut atteindre de tels résultats en tout temps. Sans nécessairement retourner à notre premier verre, il nous arrive de dérailler assez sérieusement. En maintes circonstances, c'est notre indifférence qui est à l'origine de nos difficultés. Nous sommes sobres et heureux de notre travail au sein de AA. Les choses vont bien à la maison et au bureau.

Nous nous félicitons tout naturellement d'attitudes qui, plus tard, se révéleront beaucoup trop faciles et superficielles. Nous cessons de progresser pour un temps parce que nous sommes persuadés n'avoir pas besoin de *toutes* les Douze Étapes. Nous nous débrouillons bien avec quelques-unes, voire peut-être seulement deux Étapes, la Première et cette partie de la Douzième qui nous amène à « transmettre le message ». Dans le jargon américain des AA, on appelle cela du « two stepping ». Une personne peut s'y adonner pendant des années.

Même les mieux intentionnés d'entre nous peuvent tomber dans ce piège. Tôt ou tard, les nuages roses se dissipent et, à notre plus grande déception, la vie redevient terne. Nous commençons à croire qu'après tout, les AA nous rapportent bien peu. C'est la confusion et le découragement.

Puis peut-être que la vie, comme elle seule sait le faire, nous sert soudainement une de ces bouchées énormes que nous ne saurions d'aucune manière avaler, et encore moins digérer. La promotion que nous avions tant préparée nous échappe. Nous perdons un bon emploi. Peut-être encore avons-nous de graves déceptions familiales ou sentimentales, ou notre fils, que nous avions confié à Dieu, meurt à la guerre.

Alors quoi ? Nous, alcooliques membres des AA, avons-nous ou pouvons-nous trouver les ressources voulues pour affronter ces malheurs qui frappent tant d'êtres humains ? Auparavant, nous ne pouvions pas y faire face. Pouvons-nous, aujourd'hui, avec l'aide de Dieu tel que nous Le Concevons, traverser ces épreuves avec autant d'aisance et de courage que le font bien souvent nos amis non alcooliques ? Pouvons-nous changer ces désastres en valeurs positives, en sources de progrès et de réconfort pour nous-mêmes et pour notre entourage ? Eh bien ! nous avons sûrement une chance de le faire si nous passons de la pratique des « deux Étapes » à celles des « Douze Étapes », si nous sommes disposés à accueillir cette grâce de Dieu qui peut nous soutenir et nous fortifier dans toute épreuve.

Nous connaissons les mêmes difficultés de fond que toute autre personne, mais en faisant un effort sincère pour « mettre en pratique ces principes dans tous les domaines de notre vie », les membres qui ont une sobriété éprouvée semblent, avec la grâce de Dieu, prendre ces épreuves comme elles viennent et les transformer en témoignages de foi. Nous avons vu des membres supporter de longues maladies terminales presque sans se plaindre et souvent même dans la bonne humeur. Il nous est arrivé de voir des familles brisées par les malentendus, les tensions ou l'infidélité, se réconcilier grâce au mode de vie des AA.

Bien que la capacité de gagner de la plupart des membres soit relativement élevée, d'autres ne semblent jamais capables de se rétablir financièrement, et d'autres encore sont aux prises avec de sérieuses difficultés financières. En général, ils font preuve de beaucoup de force et de foi dans ces situations.

Nous voyons bien qu'à l'instar de la plupart des gens, nous savons absorber les coups durs au fur et à mesure qu'ils se présentent. Mais comme les autres aussi, ce sont les problèmes les plus ordinaires et les plus tenaces qui nous donnent plus de fil à retordre. Pour nous, la réponse se situe dans un développement spirituel encore plus pous-

sé. C'est le seul moyen qui puisse améliorer nos chances
de parvenir à une vie réellement heureuse et utile. Tout en
progressant spirituellement, nous nous rendons compte
qu'il nous faut réviser radicalement nos anciens comportements. Nos besoins de sécurité émotive et financière, de
pouvoir et de prestige personnels, de griserie romantique,
de paix familiale, tout cela demande d'être tempéré et
réorienté. Nous avons appris que la satisfaction de nos
instincts ne peut constituer l'unique but de notre vie. En
accordant la priorité à nos désirs, nous plaçons la charrue
devant les bœufs ; nous serons refoulés dans la déception.
Mais si nous donnons la priorité au progrès spirituel —
alors, et alors seulement, nous avons de bonnes chances de
progresser.

Si, une fois chez les AA, nous progressons toujours, il se
produira peu à peu un profond changement dans nos attitudes et dans nos démarches vers la sécurité, tant émotive
que financière. La sécurité émotive que nous exigions
nous a toujours conduits, en raison même de nos exigences, à des relations impraticables avec les autres. Il se peut
qu'à l'occasion, nous n'en ayons pas été conscients, mais
le résultat était toujours le même. Ou bien nous tentions de
nous substituer à Dieu et de dominer les gens de notre
entourage, ou bien nous nous entêtions à compter sur eux
sans limite. Si les gens nous laissaient pour quelque temps
conduire leur vie comme s'ils étaient encore des enfants,
nous y trouvions nous-mêmes beaucoup d'agrément et de
sécurité. Mais, lorsqu'en fin de compte, ils nous résistaient
ou nous échappaient, nous en ressentions une peine et une
déception très amères. Nous leur faisions des reproches,
sans pouvoir comprendre que tout dépendait de nos exigences déraisonnables.

Si, à l'inverse, nous avons exigé, comme de vrais bébés, qu'on nous protège et qu'on prenne soin de nous, ou que la société nous fasse vivre, les résultats obtenus ont été tout aussi désolants. Cette attitude amenait souvent les gens qui nous aimaient le plus à nous mettre un peu à l'écart ou peut-être à nous abandonner totalement. Cette désillusion était dure. Nous ne pouvions imaginer que les gens nous traitent de cette façon. Nous ne comprenions pas que si, en âge, nous étions des adultes, nous gardions encore un comportement enfantin et nous cherchions la protection de nos parents auprès de tout le monde : nos amis, notre femme ou notre mari, le monde entier. Nous avions refusé la très dure leçon qui nous rappelle qu'on ne gagne rien à vouloir trop compter sur les autres, car tous ont des faiblesses, et même les plus forts nous laisseront parfois tomber, surtout si nous réclamons une attention excessive.

Notre progrès spirituel nous a permis de perdre ces illusions. Il est devenu évident que pour en arriver un jour à la sécurité émotive au milieu des adultes, il nous faudrait apprendre à faire des concessions ; il nous faudrait apprendre à vivre en société et à fraterniser avec notre entourage. Nous avons constaté qu'il faudrait donner sans cesse de nous-mêmes sans rien exiger en retour. À force de suivre cette ligne de conduite, nous avons peu à peu remarqué que les gens se rapprochaient de nous plus que jamais. Et même s'ils nous faisaient faux bond, nous savions comprendre et ne pas en être trop ébranlés.

Un peu plus loin dans notre progression, nous avons découvert que Dieu lui-même était la plus grande source de stabilité émotive. Nous avons compris qu'il était salutaire de nous en remettre à Sa justice, à Son pardon et à

Son amour sans limite ; ce recours serait toujours efficace quand tous les autres auraient échoué. Si nous comptions vraiment sur Dieu, il n'était plus guère possible de jouer le rôle de Dieu envers notre prochain, et il n'y aurait plus cette irrésistible tendance à compter entièrement sur la protection et l'attention humaines. Voilà les nouvelles attitudes qui ont valu à plusieurs d'entre nous une force et une paix intérieures que ne pouvaient ébranler sérieusement ni les déficiences des autres ni aucune difficulté hors de notre contrôle.

Cette nouvelle façon de voir, comme nous l'avons appris, nous était particulièrement nécessaire à nous, les alcooliques. L'alcoolisme nous isolait, même si nous étions entourés de gens qui nous aimaient. Une fois que notre égoïsme eût chassé tout le monde et que notre isolement fut total, nous avons dû chercher à nous donner de l'importance dans les bars mal famés et bientôt nous retrouver seuls dans la rue, comptant sur la charité des passants. Encore là, nous cherchions notre sécurité émotive en dominant les autres ou en étant dominés. Et bien que nous n'ayons pas dilapidé tout notre argent, nous nous sommes quand même retrouvés seuls au monde, et nous avons encore vainement tenté de retrouver notre sécurité dans quelque malsaine forme de domination ou de dépendance. Pour ceux d'entre nous dont c'était le cas, le Mouvement des AA prenait une signification bien particulière. Ici, nous apprenons peu à peu à établir des relations positives avec les gens qui nous comprennent ; désormais, nous n'avons plus à rester seuls.

La plupart des membres mariés ont un foyer très heureux. Il est étonnant de constater à quel point la méthode des AA a pu réparer les dommages causés dans un foyer par plusieurs années d'alcoolisme. Néanmoins, comme partout, nos membres connaissent, aux plans sexuel et conjugal, des difficultés parfois fort intenses. Toutefois, on ne rencontre pas fréquemment chez les AA l'échec définitif du divorce et de la séparation. Pour nous, l'objectif n'est pas de rester mariés, mais de rendre notre ménage plus heureux en corrigeant les graves entorses émotives qu'inflige si souvent l'alcoolisme.

Sauf exception, tout être humain normal éprouve, à quelque moment de sa vie, le pressant désir de trouver un partenaire de l'autre sexe avec qui il pourra réaliser la plus complète union possible à tous les plans : spirituel, intellectuel, émotif et physique. Ce puissant instinct est à la base des plus grandes réalisations humaines ; c'est une énergie créatrice qui influence profondément notre vie. Dieu nous a modelés de cette manière. La question qui se pose est donc la suivante : comment se fait-il que l'ignorance, la passion et l'égoïsme nous amènent à dénaturer ce don jusqu'à l'autodestruction ? Les AA ne prétendent pas avoir la réponse à ce problème vieux comme le monde, mais leur expérience nous fournit assurément quelques solutions.

L'alcoolisme engendre des situations très peu naturelles qui attaquent l'équilibre matrimonial et la compatibilité des partenaires. Si l'alcoolisme frappe le mari, la femme doit assumer le rôle de chef du foyer et souvent chercher un gagne-pain. Les choses se compliquent et le mari devient un enfant malade et irresponsable qui exige des soins ; il faut sans cesse le tirer de situations embarrassantes et de ses mauvais pas. Peu à peu, et souvent à son insu, la femme finit par devoir jouer le rôle d'une mère envers un enfant égaré. Si, au départ, elle avait déjà un fort instinct maternel, la situation se complique. De toute évidence, la vie de couple est à peine possible dans ces circonstances. La femme continue ordinairement de faire de son mieux mais entretemps, l'alcoolique en vient à aimer et à détester tour à tour l'attitude maternelle de sa partenaire. Il s'établit ainsi un système de comportement qu'il ne sera peut-être pas facile de corriger plus tard. Néanmoins, avec les Douze Étapes des AA, la situation peut souvent se redresser.*

Si le ménage a été fortement déséquilibré, on devra user de beaucoup de patience. Après l'entrée du mari chez les AA, la femme se montrera peut-être contrariée, et même irritée que les Alcooliques anonymes aient réussi ce qu'elle a échoué après plusieurs années de dévouement. Son mari peut se laisser si bien accaparer par les AA et ses nouveaux amis que, sans plus d'égards, il désertera le foyer plus souvent encore qu'au temps de ses abus. Voyant sa femme malheureuse, il lui recommande les Douze Étapes des AA et se mêle de lui montrer à vivre. Elle, naturellement, considère qu'elle a beaucoup mieux réussi sa vie que lui pendant plusieurs années. Chacun fait des reproches à l'autre et se demande si leur ménage retrouvera jamais le bonheur. Ils en viennent même à douter que leur union ait déjà bien fonctionné.

---

* Les Groupes familiaux Al-Anon utilisent aussi les Étapes, sous une forme adaptée. Ces groupes ne font pas partie des AA mais ils forment une association internationale de conjoints, d'autres parents ou d'amis de personnes alcooliques (membres des AA ou buveurs). L'adresse de leur siège social est : Box 862, Midtown Station, New York, NY 10018-0862.

Il se peut évidemment que la compatibilité soit à ce point compromise que la séparation devienne inévitable. Mais ce sont des cas exceptionnels. Désormais conscient de tout ce que sa femme a dû supporter et sachant parfaitement qu'il est grandement responsable de son malheur et de celui de ses enfants, l'alcoolique reprend presque toujours les charges du mariage, bien disposé à réparer ce qu'il peut et à accepter le reste. Avec persévérance, il tâche de pratiquer au foyer les Douze Étapes des AA et souvent, il obtient des résultats intéressants. Alors, avec fermeté mais aussi avec tendresse, il commence à se comporter comme un partenaire et non plus comme un mauvais garnement. Surtout, il est enfin convaincu que les folles aventures amoureuses ne sont pas pour lui.

On compte chez les AA de nombreux alcooliques célibataires qui désirent se marier et qui le peuvent. Certains trouvent leur conjoint parmi leurs amis du Mouvement. Comment s'en tirent-ils ? Dans l'ensemble, ils font d'excellents mariages. Le fait que les partenaires aient connu les mêmes souffrances lorsqu'ils buvaient et qu'ils partagent un intérêt commun envers les AA et les questions spirituelles favorise souvent ces unions. Les difficultés surgissent seulement dans le cas des coups de foudre qui éclatent entre deux membres comme entre deux collégiens. Les futurs conjoints doivent être des membres sérieux qui se connaissent depuis assez longtemps pour vérifier si leur affinité spirituelle, mentale et émotive est bien réelle et non seulement illusoire. Ils doivent s'assurer le mieux possible qu'aucune anomalie émotive obscure, chez l'un ou l'autre, ne puisse faire surface et les meurtrir sous la pression des événements. Ces conseils importants s'adressent aussi aux membres qui choisissent un partenaire à l'extérieur du Mouvement. Si les intéressés savent clairement à quoi s'en tenir et s'ils adoptent un comportement adulte, on doit s'attendre à de très bons résultats.

Que dire maintenant des nombreux membres des AA qui, pour les raisons les plus diverses, ne peuvent fonder un foyer ? Au début, ces membres s'ennuient, souffrent et se sentent abandonnés à la vue de tout ce bonheur familial qui les entoure. S'il ne leur est pas accessible, les AA peuvent-ils leur offrir des joies aussi appréciables et durables ? Sûrement, si ces membres s'appliquent sérieusement à les chercher. Entourés de tellement d'amis parmi les AA, ces prétendus « solitaires » nous assurent qu'ils ne se sentent plus seuls. En collaboration avec d'autres — des hommes et des femmes — ils peuvent se dépenser pour toutes sortes d'idées, de personnes et de projets constructifs. Libres de responsabilités matrimoniales, ils peuvent s'engager dans des entreprises qu'on ne pourrait confier à des hommes ou à des femmes ayant charge de famille. Tous les jours, nous voyons de ces membres rendre des services prodigieux et en tirer de grandes joies en retour.

Quant à l'argent et aux biens matériels qu'on peut posséder, notre point de vue a subi, là aussi, un changement radical. À quelques exceptions près, nous étions tous de grands dépensiers. Nous jetions notre argent par les fenêtres pour satisfaire nos caprices ou pour impressionner les autres. Lorsque nous allions boire, nous agissions comme si nos réserves d'argent étaient inépuisables, mais entre deux cuites, il nous arrivait de passer à l'autre extrême et de nous montrer presque avaricieux. Sans nous en rendre compte, nous accumulions tout simplement des réserves pour la prochaine cuite. L'argent était synonyme de plaisir et de prestige. À un stade beaucoup plus avancé de notre alcoolisme, l'argent n'était plus que le moyen qu'il nous fallait de toute urgence pour nous procurer notre prochain verre et le bien-être passager de l'oubli qu'il nous apportait.

En entrant chez les AA, nous avons radicalement changé d'attitude, allant souvent beaucoup trop loin dans l'autre direction. Le spectacle de toutes ces années de gaspillage nous faisait prendre panique. Nous manquerions tout simplement de temps, pensions-nous, pour rebâtir notre fortune dispersée. Pourrions-nous jamais venir à bout de ces dettes écrasantes, avoir une maison convenable, faire instruire nos enfants et économiser un peu d'argent pour notre vieillesse ? Nous ne cherchions plus tellement le prestige de la richesse ; désormais nous réclamions à grands cris notre sécurité matérielle. Même une fois bien rétablis dans nos affaires, ces terribles inquiétudes ont continué de nous hanter. Et une fois de plus, nous étions redevenus avaricieux et grippe-sou. Il nous fallait à tout prix, la sécurité financière totale. Nous avions oublié que la majorité des AA ont une capacité de gagner leur vie bien supérieure à la moyenne ; nous avions oublié toute cette bonne volonté de nos frères AA qui ne demandaient pas mieux que de nous aider à trouver un meilleur emploi lorsque nous le méritions ; nous avions oublié que l'insécurité financière frappe ou menace tous les êtres humains dans le monde. Et par-dessus tout, nous avions oublié Dieu. Pour les affaires d'argent, nous n'avions confiance qu'en nous-mêmes, et encore !

Toute cette inquiétude indiquait, bien sûr, que nous étions loin d'avoir atteint l'équilibre. Si notre emploi ne représentait toujours qu'un simple moyen de nous procurer de l'argent plutôt qu'une occasion de servir, s'il nous paraissait plus important de ramasser de l'argent pour assurer notre indépendance financière que de placer à juste titre notre confiance en Dieu, nous étions encore les victimes d'inquiétudes déraisonnables. Ce genre de peur rendait à peu près impossible la perspective d'une existence sereine et utile, quelle que soit notre situation financière.

Avec le temps toutefois, et grâce aux Douze Étapes des AA, nous avons constaté qu'il était possible de nous libérer de ces inquiétudes, quelles que soient nos conditions matérielles. Nous pouvions joyeusement nous acquitter d'humbles travaux sans nous inquiéter du lendemain. Si nous nous trouvions dans une situation favorable, nous ne redoutions plus sans cesse un revirement malheureux, car nous avions appris que les revers peuvent se transformer en précieux atouts. Nous n'étions pas préoccupés outre mesure de notre condition matérielle ; nous nous préoccupions surtout de notre condition spirituelle. Peu à peu, l'argent devenait notre serviteur et non notre maître. Il devenait un moyen de faciliter un échange d'amour et de service avec notre entourage. Si, avec la grâce de Dieu, nous acceptions calmement notre sort, nous pouvions vivre en paix avec nous-mêmes et démontrer à ceux qui étaient encore tourmentés par les mêmes peurs qu'il était possible de les surmonter. Par expérience, nous savions qu'il est plus important d'être libérés de nos craintes que d'être à l'abri du besoin.

Soulignons ici les progrès marqués dans notre façon de traiter nos désirs de prestige, de pouvoir, d'ambition et d'influence. Voilà autant de récifs qui, dans notre carrière de buveurs, ont causé plus d'un naufrage parmi nous.

Aux États-Unis, les petits garçons rêvent presque tous de devenir président. Chacun se voit occuper le poste le plus important du pays. Une fois grand, quand le garçon réalise que ce rêve ne sera pas possible, il en sourit de bon cœur. Plus tard, il découvre que le vrai bonheur ne consiste pas seulement à vouloir occuper les postes importants, ni même à exceller dans la lutte pénible qu'on livre pour l'argent, les conquêtes amoureuses et le prestige personnel. Il apprend qu'il peut être comblé en jouant avec habileté les cartes que la vie lui sert. Il ne perd pas toute ambition, mais il n'y met pas d'entêtement, car il est capable désormais de voir et d'accepter la réalité telle qu'elle est. Il accepte sa dimension normale.

Mais tel n'est pas le cas de l'alcoolique. Alors que le Mouvement était encore assez jeune, une équipe d'éminents psychologues et médecins a réalisé une étude approfondie sur un groupe assez nombreux de ce qu'il est convenu d'appeler des buveurs-problèmes. Ces spécialistes ne cherchaient pas à identifier ce qui nous distinguait dans nos comportements respectifs mais plutôt à découvrir les traits de personnalité communs que pouvait avoir ce groupe d'alcooliques. Ils sont finalement arrivés à une conclusion qui a fort déplu aux membres de l'époque. Ces distingués messieurs avaient l'audace d'affirmer que la plupart des alcooliques observés dans leur étude étaient des êtres puérils, hypersensibles et ambitieux au-delà de la raison.

Comme ce verdict nous piquait au vif, nous les alcooliques ! Nous ne voulions pas croire que nos rêves d'adultes n'étaient que trop souvent des rêves vraiment enfantins. En fait, compte tenu des dures épreuves que la vie nous avait apportées, nous considérions tout naturel d'être à ce point sensibles. Quant à nos ambitions démesurées, nous soutenions n'avoir été habités que par la noble et légitime ambition de triompher dans le combat de la vie.

Depuis ce temps, toutefois, nous en sommes presque tous venus à partager l'avis de ces experts. Nous avons acquis de nous-mêmes et de notre entourage une vision beaucoup plus réaliste. Nous avons reconnu que des craintes et des angoisses absurdes nous incitaient à traiter comme une question de vie ou de mort la conquête de la renommée, de la fortune et de ce que nous pensions être le pouvoir. Ainsi donc, l'envers de cette fâcheuse peur était une fierté mal placée. Pour masquer nos sentiments d'infériorité les plus profonds, il nous fallait à tout prix occuper partout le premier rang. Lors de nos réussites occasionnelles, nous nous vantions déjà des prouesses encore plus éclatantes qui s'annonçaient ; s'il nous arrivait un échec, nous devenions amers. Si nous étions peu gâtés par le succès mondain, nous prenions un air déprimé, un air de chien battu. On nous classait dans la catégorie des incapables. Mais nous nous sommes réconciliés avec l'univers. Au fond de nous-mêmes, nous avions tous éprouvé une insécurité anormale. Peu importe que nous soyons seulement restés sur les rives de la vie en buvant pour nous perdre dans l'oubli, ou que nous y ayons plongé de façon inconsidérée, en sachant que nous nous lancions dans des eaux trop profondes, le résultat demeurait le même : nous avons tous failli nous noyer dans une mer d'alcool.

Mais aujourd'hui, chez les membres vraiment parvenus à maturité, ces impulsions maladives sont corrigées et ont repris une direction normale. Nous ne cherchons plus à dominer ou à régenter notre entourage pour augmenter notre prestige. Nous ne cherchons plus la renommée et les honneurs pour que les gens nous applaudissent. Si, par suite de notre dévouement auprès de notre famille et de nos amis, ou dans notre entreprise et dans la société, nous attirons l'affection générale et sommes parfois désignés pour occuper des postes de responsabilité et de confiance, nous tâchons de montrer notre gratitude avec humilité et de nous dépenser encore davantage dans un esprit d'amour et de service. Le pouvoir véritable, nous semble-t-il, s'appuie sur le bon exemple et non sur un vain étalage de puissance et de gloire.

Ce qui est encore plus merveilleux, c'est de sentir que, pour être utiles et profondément heureux, nous n'avons pas tellement besoin de nous distinguer des autres. Il y en a peu parmi nous qui peuvent être des leaders très en vue, et ce n'est d'ailleurs pas ce que nous voulons devenir. Rendre service aux autres avec joie, remplir fidèlement nos obligations, bien accepter nos problèmes ou les résoudre avec l'aide de Dieu, savoir qu'avec les autres, à la maison ou à l'extérieur, nous sommes associés dans un commun effort, bien comprendre qu'aux yeux de Dieu, chaque être humain a son importance, détenir la preuve qu'on est toujours pleinement payé de retour pour un amour librement consenti, garder la certitude que nous ne sommes plus seuls ni enfermés dans une prison que nous aurions nous-mêmes érigée, conserver l'assurance de n'être plus une cheville carrée dans un trou rond, mais de jouer un rôle dans le grand plan de Dieu et d'en faire vraiment partie — telles sont les satisfactions permanentes et légitimes d'une voie droite, satisfactions que ne sauraient compenser ni les plus grands apparats ni les plus grandes accumulations de biens matériels. L'ambition véritable n'est pas ce que nous pensions. L'ambition véritable consiste dans le désir d'être utile dans la vie et de marcher avec humilité sous le regard bienveillant de Dieu.

Nous arrivons au terme de ces petits exposés sur les Douze Étapes des AA. Nous avons examiné assez de questions épineuses pour laisser l'impression que, chez les AA, on s'occupe surtout de déchiffrer des mystères et de repérer des anomalies. Jusqu'à un certain point, c'est vrai. Nous avons traité de problèmes parce que nous sommes des gens à problèmes qui ont trouvé un moyen de se relever et de s'en sortir et qui veulent le faire connaître à tous ceux qui pourront s'en servir. En effet à moins d'accepter nos problèmes et de les résoudre, nous ne pourrons rien faire pour nous mettre en règle avec nous-mêmes, avec le monde qui nous entoure et avec Celui qui règne sur nous tous. La compréhension est la clef des principes et des comportements sains et l'action bien dirigée est la clef d'une vie droite : c'est pourquoi la joie que procure une vie droite constitue le thème de la Douzième Étape des AA.

Puissions-nous tous, à chaque jour qui passe, nous imprégner toujours davantage du sens profond de cette simple prière des AA :

Mon Dieu, donnez-moi la sérénité d'accepter les choses que je ne peux changer,
Le courage de changer les choses que je peux,
Et la sagesse d'en connaître la différence.

LES DOUZE TRADITIONS

Première Tradition

« Notre bien-être commun devrait venir en premier lieu ; le rétablissement personnel dépend de l'unité des AA. »

CHEZ les Alcooliques anonymes, l'unité est notre valeur la plus précieuse. Il en va de notre vie et de celle de tous ceux qui se joindront à nous. Ou nous restons unis, ou l'association est condamnée à mourir. Sans unité, le cœur de notre Mouvement cesserait de battre : ses artères ne porteraient plus au monde entier la grâce de Dieu qui donne la vie : le don qu'Il nous a fait aurait été pure perte. Retournés à leur misère, les alcooliques nous reprocheraient de n'avoir pas fait de AA la chose extraordinaire que l'association aurait pu être !

« Doit-on comprendre, demanderont certains avec anxiété, que chez les AA, l'individu est quantité négligeable ? Doit-il être dominé par son groupe ou y être dépersonnalisé ? »

La réponse est un « non » catégorique ! Nous croyons qu'il n'existe pas sur terre une association qui entoure chacun de ses membres d'autant de sollicitude ; sûrement aucune ne protège plus jalousement le droit de chacun de penser, de parler et d'agir comme il l'entend. Aucun membre ne peut en forcer un autre à faire quoi que ce soit ; personne ne peut être puni ou exclu. Nos Douze Étapes ne sont que des suggestions et les Douze Traditions, qui garantissent l'unité des AA, ne contiennent pas une seule interdiction. Il est toujours dit : « Nous devrions... » et non « vous devez ! »

Dans l'esprit d'un grand nombre, toute cette liberté laissée à l'individu est synonyme de pure anarchie. Tous les nouveaux membres, tous les nouveaux amis qui s'intéressent aux AA pour la première fois en sont fortement intrigués. Ils ont sous les yeux une liberté qui frise la licence et pourtant ils sont frappés, dès le premier abord, par l'irrésistible force qui se dégage de l'objectif et de l'action des AA. « Comment, se demandent-ils, une telle bande d'anarchistes peut-elle même fonctionner ? Comment réussissent-ils à placer leur bien-être commun au sommet de leurs priorités ? Quelle est donc cette force qui les unit à ce point ? »

En y regardant de près, on trouve rapidement la clef de cet étrange paradoxe. Tout membre des AA doit se conformer à des principes éprouvés de rétablissement. Il y va de sa vie, effectivement, de se soumettre à des principes spirituels. S'il s'en éloigne trop, le châtiment vient à coup sûr et ne se fait pas attendre : c'est la maladie, puis la mort. Au début, le membre se soumet parce qu'il n'a pas d'autre choix mais plus tard, il découvre que c'est là un mode de vie qui comble ses aspirations. Il constate même qu'il ne peut conserver ce don inestimable à moins de le partager avec d'autres. Aucun membre ne peut survivre sans transmettre le message des AA. Suite à ce travail de Douzième Étape, dès qu'un groupe se forme, on en arrive à une autre constatation : la plupart des alcooliques ne peuvent pas se rétablir sans le soutien d'un groupe. Le membre prend alors conscience qu'il n'est qu'une petite partie dans un grand tout et qu'aucun sacrifice n'est trop exigeant s'il s'agit de la survie de l'association. Il apprend qu'il lui faut tempérer l'élan de ses ambitions et aspirations lorsqu'elles risquent de nuire au groupe. Il devient évident que si le groupe ne peut survivre, l'individu ne le pourra pas davantage.

En premier lieu, le plus important était de trouver la meilleure manière possible de bien fonctionner en groupe. Partout dans le monde, nous avons vu des peuples entiers détruits par l'ambition de quelques dirigeants. Plus que jamais, l'humanité était déchirée par la course à la richesse, au pouvoir et au prestige. Si même les forts échouaient dans leur effort de paix et d'harmonie, qu'arriverait-il de notre bande d'alcooliques désordonnés ? Autant nous avions lutté et prié pour notre rétablissement individuel, autant nous nous sommes engagés dans la recherche des principes qui permettraient au Mouvement entier de survivre. C'est sur la base solide de l'expérience que fut forgée la structure de notre association.

Inlassablement, dans quantité de villes et de villages, nous avons rejoué l'épisode d'Eddie Rickenbacker et de ses courageux compagnons, dont l'avion s'était écrasé dans le Pacifique. Comme nous, ils s'étaient soudainement retrouvés vivants, mais néanmoins toujours en danger sur une mer périlleuse. Ils avaient si bien compris *eux*, que leur bien-être commun devait venir en premier lieu ! Aucun ne pouvait se permettre de s'approprier le pain ou l'eau potable. Chacun se devait se respecter les autres, et tous ont réalisé que seule une foi absolue pouvait leur apporter la force nécessaire. Cette force, ils l'obtinrent, et ils purent grâce à elle surmonter tous les obstacles et faire face aux tourments de l'incertitude, de la souffrance, de la peur et du désespoir, et même à la mort de l'un d'entre eux.

Il en fut ainsi pour les AA. Les leçons tirées d'une incroyable expérience nous ont amenés à fonder les assises de notre groupe sur la foi et les œuvres. Ces leçons sont encore vivantes aujourd'hui dans les Douze Traditions des Alcooliques anonymes qui, si Dieu le veut, nous maintiendront dans l'unité aussi longtemps qu'Il aura besoin de nous.

Deuxième Tradition

« Dans la poursuite de notre objectif commun, il n'existe qu'une seule autorité ultime : un Dieu d'amour tel qu'Il peut se manifester dans notre conscience de groupe. Nos chefs ne sont que des serviteurs de confiance, ils ne gouvernent pas. »

CHEZ les AA, d'où viennent les directives ? Qui commande ? Voilà encore une question qui intrigue tous nos amis et les nouveaux membres. Quand on leur dit que notre Association n'a pas de président investi du pouvoir de la diriger, ni de trésorier pouvant exiger le versement de cotisations, ni de conseil d'administration autorisé à exclure un membre fautif et qu'en fait, aucun membre ne peut donner de directive à un autre ni en exiger l'obéissance, nos amis médusés s'exclament : « C'est tout simplement impossible ! Il y a sûrement une attrape quelque part ! » Ces gens pragmatiques lisent alors la Deuxième Tradition et découvrent que la seule autorité chez les AA est celle d'un Dieu d'amour tel qu'Il peut se manifester dans la conscience de groupe. Incrédules, ils demandent à un membre d'expérience si cette formule est vraiment possible. Ce membre, de toute évidence sain d'esprit, répond sans hésiter : « Certainement, c'est un succès indéniable. Nos amis répliquent en bougonnant que tout cela paraît vague, nébuleux, plutôt simpliste. Ils se mettent alors à nous observer d'un œil scrutateur, rassemblent quelques bribes de l'histoire des AA, et rapidement s'inclinent devant les faits.

Quels sont donc les faits concrets dans l'existence des AA qui ont rendu efficace un principe apparemment irréaliste ?

Jean Untel, bon membre des AA, déménage, disons, à Middletown, aux États-Unis. Désormais seul, il constate qu'il ne pourra peut-être pas rester abstinent, ni même survivre, s'il ne transmet pas à d'autres alcooliques ce qu'il a lui-même reçu en toute gratuité. Il se sent une obligation spirituelle et morale parce qu'autour de lui, il y a peut-être des centaines de personnes qui souffrent encore. D'autre part, son groupe d'attache lui manque. Il a besoin des autres alcooliques autant qu'ils ont besoin de lui. Il va rencontrer les prédicateurs, les médecins, les journalistes, les agents de police, les commis de bar... avec le résultat qu'il y a désormais un groupe à Middletown, dont il est le fondateur.

En tant que fondateur, au début c'est lui qui dirige. Qui d'autre pourrait le faire ? Il commence très rapidement cependant à partager avec les premiers alcooliques qu'il a secourus cette autorité qui lui aurait présumément permis de tout régenter. À ce stade, ce dictateur inoffensif devient le président d'un comité composé de ses amis. Ce sont eux qui forment la hiérarchie de service de ce groupe en formation, s'étant eux-mêmes désignés, évidemment, puisqu'il était impossible de faire autrement. En quelques mois, les AA prennent une expansion considérable à Middletown.

Le fondateur et ses amis inculquent aux nouveaux membres le message spirituel, réservent des salles, font des ententes avec les hôpitaux et sollicitent l'aide de leurs femmes pour la préparation d'énormes quantités de café. Étant des êtres humains normaux, il est bien naturel que le fondateur et ses amis se complaisent un peu dans la gloire. « Ce serait une bonne idée, se disent-ils, de garder la main haute sur le Mouvement dans cette ville. Après tout, nous avons de l'expérience. Sans compter tout le bien que nous avons fait à ces alcooliques. Ils devraient être reconnaissants ! » Bien sûr, les fondateurs et leurs amis sont parfois plus sages et plus modestes mais généralement, à ce stade, ce n'est pas le cas.

Le groupe connaît alors ses premières douleurs de croissance. Les mendiants mendient. Les cœurs solitaires se languissent. Les problèmes se précipitent en avalanche. Et, plus important encore, les rumeurs grondent dans l'âme politique du groupe et éclatent bientôt en protestation ouverte : « Ces vieux membres s'imaginent-ils qu'ils peuvent indéfiniment diriger le groupe ? Exigeons des élections ! » Pour le fondateur et ses amis, c'est la déception et le dépit. Ils tentent d'étouffer les crises l'une après l'autre et plaident leur cause auprès de chacun des membres. Trop tard : la révolution est amorcée. La conscience du groupe est en voie de prendre la relève.

Puis viennent les élections. Si le fondateur et ses amis ont bien servi le groupe, ils peuvent, à leur grande surprise, être réinstallés dans leurs fonctions pour un temps. Mais s'ils ont opposé une résistance acharnée à la montée démocratique, il se peut qu'on les limoge tout simplement. Dans un cas comme dans l'autre, le groupe s'est maintenant donné ce qu'on appelle un comité rotatif dont l'autorité est très limitée. Ses membres ne peuvent d'aucune manière gouverner ou diriger le groupe. Ce sont des serviteurs. Leur privilège, parfois bien ingrat, consiste à s'occuper des corvées du groupe. Sous la direction du président, ils s'occupent des relations publiques et organisent les réunions. Les responsabilités du trésorier se limitent à recueillir l'argent de la collecte, à le déposer à la banque, à payer le loyer et les autres factures et à présenter un rapport à la réunion d'affaires. Le secrétaire, lui, voit à disposer des publications sur une table, assure l'efficacité du service téléphonique, répond au courrier, expédie les avis de convocation. Tels sont les simples services qui permettent au groupe de fonctionner. Le comité ne dispense pas d'orientation spirituelle, ne juge la conduite de personne et ne donne jamais d'ordres. Les membres du comité qui tenteraient d'agir de la sorte seraient évincés sans délai dès l'élection suivante, découvrant trop tard qu'ils sont des serviteurs, non des sénateurs. Ces expériences sont fréquentes partout chez les AA. C'est ainsi que dans tout le Mouvement, la conscience du groupe définit le mandat de service de ses chefs.

Ce qui nous amène logiquement à la question suivante : « Y a-t-il réellement un leadership chez les AA ? » Oui, trois fois oui, bien qu'à prime abord on soit tenté de croire le contraire. Revenons au cas de ce fondateur et de ses amis qui ont été limogés. Que deviennent-ils ? Au fur et à mesure que s'estompent leur dépit et leur angoisse, un changement subtil se produit en eux. En fin de compte, ils se répartissent en deux camps qu'on pourrait désigner ainsi : les « vieux sages » et les « aspirants frustrés ». Les premiers reconnaissent la sagesse de la décision du groupe, ne gardent aucun ressentiment d'avoir été limogés, ont un jugement sûr, fortifié par une expérience considérable et consentent à rester calmement dans les coulisses en attendant patiemment la suite des événements. L'aspirant frustré, lui, est parfaitement convaincu que le groupe ne peut fonctionner sans lui, multiplie les intrigues pour regagner son poste et continue d'être dévoré d'apitoiement. Quelques-uns sont à ce point rongés par la frustration qu'ils se détachent entièrement de l'esprit et des principes des AA et retournent boire. À certains moments, ils sont légion dans le Mouvement. Jusqu'à un certain point, presque tous les vieux membres ont fait ce cheminement. Heureusement, la plupart en ressortent grandis et se transforment peu à peu en vieux sages. Ils deviennent alors les leaders authentiques et permanents des AA. Lorsqu'il y a crise, c'est auprès d'eux qu'on trouve les opinions modérées, les connaissances éprouvées et la sagesse sans prétention de l'expérience. C'est vers eux qu'on se tourne pour résoudre les conflits douloureux. Ils deviennent la voix de la conscience de groupe ; en fait, la véritable voix des Alcooliques anonymes, c'est eux. Ils n'ont aucun mandat ; ils entraînent par leur exemple. Telle est l'expérience qui nous a amenés à la conclusion que notre conscience de groupe, bien éclairée par les anciens, se révélera plus sage, à longue échéance, que celle de tout meneur individuel.

Notre Mouvement avait à peine trois ans lorsqu'un événement particulier nous apporta la démonstration de ce principe. Un des premiers membres des AA fut obligé, à l'encontre de ses désirs personnels, de se conformer à l'opinion du groupe. Voici comment il raconte lui-même cette histoire.

« Un jour, je faisais du travail de Douzième Étape dans un hôpital de New York. Charlie, le directeur, me fit venir à son bureau. « Bill, me dit-il, je trouve honteux que tu sois si peu à l'aise financièrement. Partout autour de toi, des ivrognes se rétablissent et gagnent bien leur vie. Toi, tu donnes tout ton temps pour les alcooliques et tu n'as pas le sou. Ce n'est pas juste ! » Charlie fouilla dans un tiroir et en sortit de vieux états financiers. « Voici, continua-t-il en me les tendant, le genre de profits que réalisait cet hôpital autour des années vingt : des milliers de dollars par mois. Nous devrions faire aussi bien aujourd'hui et le pourrions si seulement tu voulais m'aider. Alors pourquoi ne viens-tu pas t'installer ici ? Je te donnerai un bureau, un compte de frais convenable, et une tranche fort respectable des profits. Il y a trois ans, lorsque le Dr Silkworth, notre directeur médical, souleva l'idée d'utiliser une méthode spirituelle pour aider les alcooliques, j'ai pensé que c'était une idée de fou, mais j'ai changé d'avis. Un jour, ta bande d'ex-buveurs finira par remplir le Madison Square Garden, et d'ici là, je ne vois pas pourquoi tu devrais crever de faim. Ma proposition n'a rien d'anormal. Tu peux devenir un thérapeute non professionnel et réussir mieux que n'importe qui dans ce domaine. »

J'étais renversé. Ma conscience m'a quelque peu tiraillé puis j'ai vu combien la proposition de Charlie était parfaitement honnête. Il n'y avait absolument rien de mal à devenir thérapeute non professionnel. J'ai pensé à Lois qui, tous les jours, rentrait épuisée de son travail au magasin à rayons pour en plus avoir à cuisiner pour une maisonnée d'ivrognes incapables de payer une pension. J'ai pensé à la somme considérable que je devais encore à mes créanciers de Wall Street. J'ai pensé à quelques-uns de mes amis alcooliques qui gagnaient plus d'argent que jamais. Pourquoi ne serais-je pas aussi à l'aise qu'eux ?

Bien que j'aie demandé à Charlie un certain temps de réflexion, ma décision était à peu près prise. Rentrant en tout hâte à Brooklyn par le métro, j'ai eu ce qui m'a semblé un éclair d'inspiration divine. Rien qu'une petite phrase de la Bible, mais combien convaincante ! Une voix ne cessait de me répéter : « Tout travailleur mérite salaire ». À la maison, j'ai trouvé Lois, cuisinant comme d'habitude, sous le regard affamé de trois alcooliques postés à l'entrée de la cuisine. Je l'amenai un peu à l'écart et lui annonçai la merveilleuse nouvelle. Elle manifesta un certain intérêt, mais beaucoup moins d'enthousiasme que je ne l'aurais cru.

Ce soir-là, il y avait une réunion. Bien qu'aucun de nos pensionnaires du moment ne semblait progresser vers la sobriété, d'autres auparavant y étaient parvenus. Bientôt le sous-sol se remplit ; nombre d'entre eux étaient accompagnés de leurs femmes. Je me suis précipité pour leur faire part de cette chance inouïe. Je ne pourrai jamais oublier leurs expressions figées et tous ces yeux fixés sur moi. C'est avec un enthousiasme refroidi que j'arrivai péniblement au bout de mon récit. Il s'ensuivit un long silence.

Un de mes amis commença presque timidement à parler : « Bill, nous connaissons ta situation difficile. Nous en sommes tous très contrariés. Nous nous sommes souvent demandé comment nous pourrions y remédier. Mais je crois bien traduire le sentiment de tous ceux qui sont ici en disant que la solution que tu proposes nous contrarie bien davantage. » Il poursuivit d'une voix plus assurée : « Réalises-tu que tu ne pourras jamais faire une profession de ce travail ? Malgré toute la générosité que Charlie nous a manifestée, ne vois-tu pas que nous ne pouvons faire dépendre notre Mouvement de son hôpital ou de n'importe quel autre ? Tu nous affirmes que la proposition de Charlie est honnête. Nous en convenons, mais ce que nous avons est trop précieux pour se satisfaire uniquement de critères de moralité ; il faut plus que ça. Bien sûr, l'idée de Charlie est bonne mais pas encore assez. C'est une question de vie ou de mort, Bill, et il nous faut ce qu'il y a de mieux au monde ! » Mes amis me regardèrent d'un air de défi lorsque leur porte-parole ajouta : « Bill, n'as-tu pas maintes fois répété ici même, à cette assemblée, que le bien est souvent l'ennemi du mieux ? Eh bien ! en voici un exemple frappant. Tu ne peux nous faire un coup semblable ! »

— « Ainsi s'exprimait la conscience de groupe. Le groupe avait raison et j'avais tort : la voix dans le métro n'était pas celle de Dieu. C'est ici qu'elle s'exprimait vraiment, dans ce cri du cœur de mes amis. J'ai écouté et Dieu merci, j'ai obéi. »

Troisième Tradition

« Le désir d'arrêter de boire est la seule condition pour être membre des AA. »

CETTE tradition est lourde de sens. Voici ce qui est vraiment dit à chaque buveur immodéré : « Dès que tu te dis toi-même membre des AA, tu l'es. C'est à toi de te déclarer membre ; personne ne peut te l'interdire. Peu importe qui tu es, peu importe la profondeur de ta déchéance, peu importe la gravité de tes problèmes émotifs, ou même de tes crimes, nous ne pouvons te refuser l'entrée des AA. Nous ne désirons pas t'écarter. Nous ne craignons aucunement que tu nous fasses tort, si malhonnête et si violent sois-tu. Nous voulons seulement nous assurer que tu bénéficies comme nous de la grâce unique de la sobriété. Tu es donc un membre des AA du moment que tu le déclares. »

Il a fallu des années d'expérience laborieuse pour établir ce principe d'appartenance. Dans les débuts du Mouvement, rien ne semblait plus fragile et plus vulnérable qu'un groupe des AA. À peu près aucun des alcooliques que nous approchions ne manifestait d'intérêt réel. La plupart de ceux qui se joignaient à nous faisaient penser à des bougies dans une bourrasque. Combien de fois leur flamme vacillante s'éteignait sans pouvoir se rallumer ! Sans le dire, chacun de nous pensait : « La prochaine fois, lequel d'entre nous y passera ? »

En termes très évocateurs, un membre nous donne un aperçu de cette époque : « Il fut un temps, dit-il, où les groupes multipliaient les conditions d'admission. Chacun avait une peur folle que quelqu'un ou quelque chose fasse chavirer la barque et nous renvoie tous à l'alcool. Le bureau de notre Fondation* avait demandé à tous les groupes de lui envoyer la liste de leurs conditions dites de « protection ». La liste totale était interminable. Si on avait appliqué partout toutes ces règles, personne n'aurait pu devenir membre, tant la somme de nos angoisses et de nos peurs était grande.

Nous étions déterminés à n'admettre personne d'autre que les membres de cette classe hypothétique que nous appelions « les purs alcooliques ». Exception faite de leur ivrognerie et de ses malheureuses conséquences, on leur interdisait d'avoir d'autres problèmes. Donc, les mendiants, les clochards, les détenus d'asile ou de prison, les détraqués, les vrais idiots ainsi que les femmes déchues étaient exclus. Oui, mes amis, nous nous occuperions *seulement* des purs alcooliques, des alcooliques respectables ! Les autres nous conduiraient sûrement à notre perte. De plus, que diraient de nous les honnêtes gens si nous admettions tous ces mauvais sujets ? Nous avions entouré le Mouvement d'un treillis aux mailles serrées.

Tout cela semble sans doute bien cocasse aujourd'hui. Vous trouvez probablement que nous, les anciens membres, étions bien intolérants. Mais je vous assure qu'à l'époque, la situation n'avait rien de drôle. Nous étions sévères parce que nous croyions que nos vies et nos foyers étaient en jeu ; il n'y avait pas matière à rire. Intolérants, dites-vous ? Eh bien... nous avions la frousse ! Naturelle-

---

* En 1954, « The Alcoholic Foundation, Inc. » prit le nom de « General Service Board of Alcoholics Anonymous, Inc. » et le bureau de la Fondation devint le « General Service Office » (Bureau des Services généraux).

ment, nous avions commencé à nous comporter comme tous les gens qui ont peur. Après tout, la peur n'est-elle pas la source de toute intolérance ? Oui, nous étions intolérants. »

Comment pouvions-nous deviner à l'époque que toutes ces craintes se révéleraient sans fondement ? Comment pouvions-nous savoir que des milliers de ces gens que nous redoutions parfois connaîtraient un incroyable relèvement et deviendraient nos meilleurs collaborateurs et nos amis les plus intimes ? Qui aurait cru que chez les AA, le taux de divorce serait inférieur à la moyenne ? Pouvions-nous prévoir que ces trouble-fête seraient nos meilleurs maîtres en matière de patience et de tolérance ? Qui aurait pu concevoir à ce moment-là qu'une association qui accueillerait tous les genres imaginables d'individus s'affranchirait sans problème de toute frontière raciale, religieuse, politique et linguistique ?

Pourquoi les AA ont-ils fini par abandonner toutes leurs conditions d'admission ? Pourquoi avons-nous laissé à chaque nouveau le soin de déterminer lui-même s'il était alcoolique et s'il devait se joindre à nous ? Comment avons-nous eu l'audace d'affirmer, à l'encontre de l'expérience universelle des gouvernements et associations, que nous n'imposerions aucune sanction à nos membres et n'en exclurions aucun, que nous nous interdirions d'imposer à qui que ce soit la moindre contribution, la moindre croyance, la moindre obéissance ?

La réponse, qu'on retrouve maintenant dans la Troisième Tradition, était la simplicité même. Finalement, l'expérience nous avait appris qu'enlever toutes ses chances à un alcoolique signifiait parfois prononcer sa sentence de mort et souvent le condamner à la misère à tout jamais. Qui pouvait oser se constituer juge, jury et bourreau de son propre frère malade ?

Un à un, les groupes ont pris conscience de cette éventualité, et ils ont finalement renoncé à toutes leurs conditions d'admission. Une suite d'événements dramatiques a confirmé le bien-fondé de cette décision qui plus tard deviendrait une tradition universelle. En voici deux exemples :

Au calendrier des AA, c'était l'An Deux. En ce temps-là, nous n'étions que deux groupes qui survivaient péniblement, qui n'avaient pas encore de nom, et dont les membres tâchaient de conserver leur place au soleil.

Un nouveau se présenta un jour dans un de ces deux groupes et demanda à être admis. Il s'ouvrit en toute honnêteté au plus ancien membre du groupe. Il fut évident que cet homme était désespéré et désirait plus que tout au monde se rétablir. « Mais, demanda-t-il, me permettrez-vous de me joindre à votre groupe ? Je suis victime d'une autre dépendance encore plus mal vue que l'alcoolisme et vous ne voudrez peut-être pas de moi parmi vous. M'accepterez-vous ? »

C'était un dilemme. Que devait faire le groupe ? Le plus ancien membre convoqua deux de ses compagnons et, confidentiellement, leur exposa le cas épineux. « Alors, que fait-on ? leur demanda-t-il. Si nous le refusons, il sera bientôt mort. Si nous l'admettons, Dieu seul sait quels problèmes il nous causera ! Qu'allons-nous répondre : oui ou non ?

En premier, les anciens n'avaient que des objections. « Nous sommes là, disaient-ils, uniquement pour les alcooliques. Ne devrions-nous pas le sacrifier pour le bien-être du plus grand nombre ?» Le débat se poursuivait, et le sort du nouveau oscillait toujours dans la balance. Soudain, l'un des trois membres exprima un tout autre point de vue : « En réalité, c'est notre réputation qui nous inquiète. Nous avons bien plus peur de ce que les gens pourraient dire que des ennuis que nous causerait cet étrange alcoolique. Durant la discussion, une petite question me revenait constamment : 'Que ferait le Maître ?'» Le silence se fit. En effet, que *pouvait*-on dire de plus ?

Débordant de joie, le nouveau se lança dans le travail de Douzième Étape. Inlassablement, il transmettait le message des AA à des douzaines de personnes. Comme il s'agissait d'un des tout premiers groupes, ces douzaines sont devenues depuis lors des milliers. Jamais il n'a ennuyé qui que ce soit avec son autre problème. Les AA venaient de poser le premier jalon de la Troisième Tradition.

Peu après la venue de cet homme atteint d'une double dépendance, le deuxième groupe des AA accueillait dans ses rangs un vendeur que nous appellerons Ed. Celui-là était un dynamo, impétueux comme peut l'être un vendeur. Il lui venait au moins une idée à la minute sur les améliorations qu'on pourrait apporter au Mouvement. Il les refilait à ses camarades du groupe avec autant d'ardeur et d'enthousiasme que s'il vendait des produits de polissage pour automobile. Mais, parmi ses idées, il y en avait une beaucoup moins vendable. Ed était athée. Sa petite marotte consistait à répéter que les AA réussiraient encore mieux sans leurs « bondieuseries ». Il harcelait tout le monde, et chacun s'attendait à le retrouver ivre un jour ou l'autre car à l'époque, les AA avaient une tendance religieuse. Pareil blasphème, pensait-on, entraînerait un châti-

ment sévère. Comble de malheur, Ed persistait dans sa
sobriété.

Puis, son tour vint de prendre la parole à une réunion.
Nous en avions des frissons car nous savions ce qui allait
arriver. Il rendit un bel hommage au Mouvement ; il raconta les retrouvailles avec sa famille ; il prôna la vertu
d'honnêteté ; il évoqua les joies que procure le travail de
Douzième Étape ; puis, la bombe éclata : « Je ne peux
plus, cria-t-il, supporter ces histoires de bon Dieu ! C'est
un tas de boniments pour les faibles. Ce groupe n'a pas
besoin de ça et moi je ne le prendrai pas ! Au diable tout
cela ! »

Une immense vague de ressentiment outré parcourut
l'assemblée et le verdict fut unanime : « Cet homme-là
doit partir ! »

Les anciens amenèrent Ed à l'écart et lui parlèrent avec
fermeté : « Tu ne peux pas parler comme ça ici. Tu cesses
ou tu pars. » Ed répliqua, sarcastiquement : « Vous m'en
direz tant ! C'est comme ça, n'est-ce-pas ? » Il saisit une
liasse de papiers sur une étagère. Les premières pages
étaient celles de la préface du livre *Alcoholics Anonymous*,
alors en préparation. Il lut à haute voix : « Le désir d'arrêter de boire est la seule condition pour être membre des
AA. » Il continua, impitoyable : « Étiez-vous vraiment
sincères lorsque vous avez écrit cette phrase, oui ou
non ? »

Désemparés, les anciens se regardaient ; ils savaient
bien qu'il les tenait à sa merci. Et Ed resta...

Oui, il resta et mieux encore, mois après mois, il demeurait sobre. Plus il accumulait de temps d'abstinence, plus
il récriminait contre Dieu. Le groupe sombra dans une angoisse si profonde que toute charité fraternelle disparut.

« Quand, mais quand donc, se lamentaient les membres, prendra-t-il une cuite ? »

Il se passa un bon moment. Un jour, Ed obtint un emploi de vendeur qui l'amena à se déplacer à l'extérieur de la ville. Au bout de quelques jours, la nouvelle nous parvint : il avait demandé de l'argent par télégramme, et tout le monde devina pourquoi. Puis, il téléphona pour obtenir de l'aide. À cette époque, nous nous serions rendus n'importe où pour répondre à un appel de Douzième Étape, si minimes fussent les chances de succès. Mais cette fois, personne ne bougea. « Ne vous en occupez pas ; laissez-le essayer de s'en sortir seul pour une fois. Peut-être comprendra-t-il enfin ! »

Deux semaines plus tard environ, Ed se faufila de nuit dans la maison d'un membre et se mit au lit à l'insu de la famille. Le lendemain matin, le maître de la maison prenait le café avec un ami quand ils entendirent du bruit dans l'escalier. À leur grande stupéfaction, Ed fit son apparition. Avec un sourire énigmatique, il leur dit : « Bonjour, avez-vous fait votre méditation ce matin ? » Ils eurent vite fait de réaliser qu'il était sérieux. Par bribes, il leur raconta son histoire.

Dans un État voisin, Ed s'était réfugié dans un hôtel minable. Après tous ses appels à l'aide restés sans réponse, ces mots résonnaient constamment dans son cerveau enfiévré : « Ils m'ont abandonné. J'ai été abandonné par les miens. C'est la fin... il ne reste plus rien. » Se tournant et se retournant dans son lit, sa main effleura la commode et toucha un livre. Il l'ouvrit et lut. C'était la Bible des Gédéons.[*] Ed ne révéla jamais rien de plus de ce qu'il avait

---

[*] N.d.t. : Les Gédéons sont une association américaine qui distribue des exemplaires de la Bible dans toutes les chambres d'hôtel.

vu et vécu dans cette chambre d'hôtel. C'était en 1938. Il n'a jamais bu depuis.

Aujourd'hui, lorsqu'ils se rencontrent, les anciens qui connaissent Ed s'interrogent toujours : « S'il avait fallu que nous réussissions à exclure Ed à cause de ses blasphèmes, que serait-il advenu de lui et de tous ceux qu'il a aidés par la suite ? »

Et c'est ainsi que la Providence nous a très tôt fait comprendre que tout alcoolique devient membre de notre association dès que *lui-même* le déclare.

Quatrième Tradition

« Chaque groupe devrait être autonome, sauf sur les points qui touchent d'autres groupes ou l'ensemble du Mouvement. »

L'AUTONOMIE, voilà un bien grand mot. Mais en ce qui nous concerne, il signifie simplement que chaque groupe des AA peut conduire ses affaires tout à fait comme il l'entend, sauf si elles affectent l'ensemble du Mouvement. Alors se pose la même question, celle soulevée à la Première Tradition : une telle liberté n'est-elle pas un risque insensé ?

Au fil des années, toutes les contrefaçons possibles de nos Douze Étapes et de nos Douze Traditions ont été essayées. Il ne pouvait en être autrement, vu qu'en général, nous ne sommes qu'une bande d'individualistes. Véritables enfants du désordre, nous avons appris mille façons de jouer prudemment avec le feu, et pourtant, nous en sommes sortis indemnes et, pensons-nous, plus sages. Ces contrefaçons elles-mêmes ont engendré un vaste processus de mise au point progressive qui, par la grâce de Dieu, nous a conduits où nous en sommes aujourd'hui.

En 1946, au moment de la première édition des Douze Traditions des AA, nous avions acquis la certitude qu'un groupe des AA pouvait pratiquement résister à tous les coups. Nous avions compris que le groupe, tout comme l'individu, doit tôt ou tard se soumettre aux principes éprouvés qui assurent sa survie. Nous avions découvert qu'il n'y avait aucun risque dans le processus de mise au point par expérience. Nous en étions devenus si bien persuadés que dans la version originale de la Tradition des AA figurait cette affirmation lourde de signification : « Si deux ou trois alcooliques s'unissent pour chercher ensemble la sobriété, ils peuvent se considérer un groupe des AA, pourvu qu'en tant que tel, ils ne soient associés à aucune autre formation. »

Bien sûr, ceci signifiait que nous avions obtenu le courage nécessaire pour reconnaître chaque groupe comme une entité indépendante tout à fait libre de s'orienter selon sa conscience collective. En approuvant officiellement cette liberté quasi illimitée, nous n'avons trouvé que deux points nécessitant des signaux d'alarme : un groupe ne devait rien faire qui puisse porter gravement atteinte au Mouvement dans son ensemble et ne devait s'associer à rien ni à personne. Il serait très dangereux de nous mettre à qualifier nos groupes de « tempérés » ou de « secs », de « républicains » ou de « communistes », de « catholiques » ou de « protestants ». Chaque groupe devait s'en tenir à son but pour éviter de courir à sa perte. La sobriété devait constituer son unique objectif. À tous autres égards, il jouissait d'une liberté totale de choix et d'action. Tout groupe avait le droit de se tromper.

Au début du Mouvement, il se formait des quantités de groupes enthousiastes. Dans une ville que nous appellerons Middletown, il s'en était formé un qui manifestait une ardeur vraiment exubérante. Les gens de l'endroit étaient passionnés par la cause. Dans leur exaltation visionnaire, les anciens rêvaient d'innovations. Selon eux, la ville avait besoin d'un beau grand centre pour alcooliques, une sorte d'établissement pilote que les groupes de partout pourraient imiter. Au rez-de-chaussée, on aménagerait un club ; au premier, on s'occuperait de ramener les alcooliques à la sobriété et on leur avancerait les fonds nécessaires pour régler leurs vieilles dettes ; le deuxième étage abriterait une sorte de projet d'éducation, rien qui prêterait à controverse, bien sûr. Ils avaient pensé rajouter plusieurs autres étages à leur splendide centre, mais trois suffisaient pour commencer. Tout cela nécessiterait beaucoup d'argent, celui des autres. Croyez-le ou non, de riches citadins furent gagnés à l'idée.

Parmi les alcooliques, cependant, il se trouva quelques dissidents aux idées plus conservatrices. Ils écrivirent à la Fondation*, c'est-à-dire au siège social des AA à New York, pour savoir ce qu'il fallait penser de ce genre de projet. Ils avaient entendu dire que pour mieux étayer leur idée, les anciens membres s'apprêtaient à demander une charte à la Fondation. Nos quelques dissidents étaient inquiets et sceptiques.

Naturellement, il y avait un promoteur dans l'affaire, un promoteur hors pair. Son éloquence avait dissipé toutes les inquiétudes, malgré l'avis de la Fondation, qui se déclarait incapable de délivrer une charte et qui rappelait le dénouement malheureux qu'avaient connu ailleurs de semblables initiatives impliquant un groupe des AA dans des projets d'éducation et de soins médicaux. Par précaution supplémentaire, notre promoteur créa trois sociétés différentes, dont il assuma lui-même la présidence. Fraîchement peint,

---

* En 1954, « The Alcoholic Foundation, Inc. » prit le nom de « General Service Board of Alcoholics Anonymous, Inc. » et le bureau de la Fondation devint le « General Service Office » (Bureau des Services généraux).

le nouveau centre était resplendissant. Toute la ville parlait de la chaleur de son accueil. En peu de temps, les affaires marchèrent rondement. Pour assurer au centre un fonctionnement ininterrompu et sans heurt, on adopta soixante et un règlements.

Mais il y eut rapidement une ombre au tableau. La confusion remplaça la sérénité. On découvrit que certains ivrognes désiraient fortement s'instruire mais hésitaient à se reconnaître alcooliques. Chez d'autres, certains défauts de caractère seraient certainement corrigés par un prêt. Certains s'intéressaient au club, mais simplement pour y trouver l'âme sœur. Par moments, les candidats s'inscrivaient par vagues aux trois étages en même temps. Certains commençaient par le haut pour finir au club du rez-de-chaussée ; d'autres commençaient par le club, prenaient une cuite, faisaient un séjour à l'hôpital, puis étaient promus aux activités éducatives du deuxième. Comme une ruche, l'endroit bourdonnait d'activité avec cette différence : c'était la confusion totale. Un groupe des AA, comme tel, ne pouvait tout simplement pas s'occuper d'une pareille entreprise. On finit pas s'en rendre compte, beaucoup trop tard. C'est alors que se produisit l'inévitable explosion, un peu comme celle de l'usine de bardeaux de Wombley, provoquant sur le groupe la frustration et la peur.

Lorsque le brouillard se fut dissipé, une chose merveilleuse s'était produite. Le promoteur avait écrit au bureau de la Fondation. Il avouait qu'il aurait bien dû profiter de l'expérience des AA. Ce qu'il fit ensuite s'inscrit comme classique chez les AA : il fit imprimer une petite carte semblable à celles utilisées au golf pour marquer le pointage. Sur le dessus, on pouvait lire : « Groupe n° 1 de

Middleton — Règlement 62. ». À l'intérieur, une simple phrase mordante sautait aux yeux : « De grâce, ne vous prenez pas tant au sérieux ! »

Et c'est ainsi qu'en vertu de notre Quatrième Tradition, un groupe des AA s'était prévalu de son droit à l'erreur. Bien plus, il avait rendu un grand service aux Alcooliques anonymes, car il avait humblement accepté d'appliquer les leçons qu'il avait apprises. Le groupe s'était relevé avec humour et avait repris sa route vers de plus heureuses expériences. Même le maître architecte, devant les ruines de son rêve, avait su rire de lui-même ; ce qui constitue le summum de l'humilité.

Cinquième Tradition

« Chaque groupe n' a qu' un objectif primordial :
transmettre son message à l' alcoolique qui souffre
encore. »

« **C**ORDONNIER, mêle-toi de ce que tu sais faire ! »...
Il vaut mieux ne faire qu'une seule chose à la perfection que d'en faire plusieurs à moitié. L'unité de notre
association gravite autour de ce principe qui est le thème
central de cette Tradition. La vie même de l'association en
dépend.

On pourrait comparer les Alcooliques anonymes à un
groupe de médecins en voie de découvrir un remède pour
le cancer et dont la vie des victimes de cette maladie dépendrait de leur travail d'équipe. Sans doute, chaque médecin de ce groupe pourrait avoir sa propre spécialité.
Chacun souhaiterait peut-être à l'occasion se consacrer à
sa propre discipline plutôt que d'être limité au travail
d'équipe. Mais dès qu'ils auraient enfin trouvé la formule
du remède et qu'ils seraient persuadés de ne pouvoir le
produire qu'en unissant leurs efforts, tous se sentiraient
liés à se consacrer exclusivement à la guérison du cancer.
Pour une découverte aussi miraculeuse, tout médecin
accepterait de sacrifier ses autres ambitions, à n'importe
quel prix.

Les membres des Alcooliques anonymes sont liés par
une obligation commune tout aussi pressante, maintenant
qu'ils ont fait la preuve qu'ils pouvaient mieux que quiconque secourir les autres buveurs. Tout membre des AA
a cette unique capacité de s'identifier au nouveau et de lui

offrir le moyen de se rétablir ; et cette capacité n'a absolument rien à voir avec l'instruction, l'éloquence ou tout autre talent personnel. La seule chose qui compte, c'est qu'il est un alcoolique en possession d'un moyen de retrouver la sobriété. Leurs souffrances et leur rétablissement constituent un héritage que les alcooliques peuvent facilement se transmettre l'un à l'autre. C'est le don que Dieu nous a fait et la transmission de ce don à nos semblables est le seul objectif qui anime aujourd'hui les AA dans tout l'univers.

Il y a une autre raison à cet objectif unique : le grand paradoxe qu'on trouve chez les AA réside dans cette certitude que nous avons de pouvoir difficilement conserver le don précieux de notre sobriété si nous ne le donnons pas à d'autres. Si, à cause de l'égoïsme de ses membres, une équipe de médecins manquait à sa mission de développer une formule dont elle a le secret pour guérir le cancer, chacun d'eux pourrait en éprouver de grands remords. Cet échec, toutefois, ne menacerait pas la survie de chaque médecin. Pour nous, par contre, il persiste un grave danger pour notre santé mentale et pour notre vie même si nous négligeons ceux qui souffrent encore. Vu cette pression qu'exercent l'instinct de conservation, l'appel du devoir et l'amour, il n'est pas étonnant que notre association en ait conclu qu'elle n'avait qu'une seule mission primordiale : celle de transmettre le message des AA à ceux qui ne savent pas qu'on peut s'en sortir.

Ce que nous raconte un de nos membres nous éclaire sur la sagesse de cet objectif unique des AA :

« Un jour, me sentant très agité, je me dis que je devrais faire du travail de Douzième Étape. Peut-être pourrais-je ainsi mieux me protéger d'une rechute. Mais il me fallait d'abord trouver un alcoolique à secourir.

Je saute donc dans le métro en direction de Towns Hospital et j'arrive chez le Dr Silkworth à qui je demande s'il a un candidat. « Rien de très prometteur, répond le petit médecin. Il n'y a que ce bonhomme du troisième étage qui pourrait faire l'affaire, mais c'est un Irlandais très buté. Je n'ai jamais vu un homme aussi entêté. Il crie à tue-tête que si son associé le traitait mieux et si sa femme le laissait tranquille, il aurait tôt fait de résoudre son problème d'alcool. Il a fait une grave crise de D.T.[*], il est très confus, et il se méfie de tout le monde. Pas très prometteur, n'est-ce pas ? Mais travailler avec lui peut t'apporter quelque chose. Alors vas-y ! »

Je me trouvais bientôt auprès d'un homme à la stature imposante. Ses yeux, juste deux minuscules fentes dans son visage rouge et boursouflé, me fixaient avec une animosité évidente. Le médecin avait raison : il avait vraiment mauvaise mine. Je lui racontai quand même mon histoire. Je lui expliquai tout ce qu'il y a de merveilleux dans notre association, et toute la compréhension qui existait entre nous. J'ai beaucoup insisté sur le combat perdu d'avance de l'alcoolique. J'ai insisté aussi sur le fait que bien peu d'alcooliques ont pu se rétablir par leurs propres ressources, alors que dans nos groupes, nous réussissions à faire ensemble ce qui nous était impossible individuellement. Il m'interrompit, ridiculisa mes propos et m'assura qu'il pouvait régler tout seul le cas de sa femme, celui de son associé et son problème d'alcool. Sur un ton sarcastique, il s'enquit : « Votre affaire, c'est combien ? »

---

[*] N.d.t. : Delirium Tremens.

J'étais fier de pouvoir lui répondre : « Rien du tout ! »

— « Et toi, qu'est-ce que ça *te* rapporte ? »

Évidemment, je lui répondis : « Ma sobriété, et une vie de grand bonheur ! »

Toujours sceptique, il me demanda : « Tu veux réellement me dire que tu es ici uniquement pour nous aider toi et moi ? »

— « Précisément, lui dis-je. Il n'y a pas d'autre raison, et il n'y a pas d'attrape. »

Puis, avec beaucoup d'hésitation, je me risquai à lui parler de l'aspect spirituel de notre méthode. Oh ! la douche froide que me servit mon alcoolique ! Je n'avais pas sitôt articulé le mot « spirituel » qu'il avait bondi. « Ah, c'est ça ! Je comprends maintenant ! Tu fais de l'apostolat pour quelque satanée secte religieuse. Comment peux-tu dire qu'il n'y a pas d'attrape ? J'appartiens à une religion extraordinaire qui signifie tout pour moi et tu oses venir me parler de religion ici ! »

Dieu merci, je sus quoi lui répondre. Je m'inspirai carrément de cet objectif unique des AA. » Tu as la foi, lui dis-je, une foi peut-être beaucoup plus profonde que la mienne et en matière de religion, tu es sans doute mieux renseigné que moi. Ce n'est donc pas à moi de t'en parler. Je ne veux même pas essayer. Je parie aussi que tu pourrais me donner la définition parfaite de l'humilité. Mais d'après ce que tu m'as dit de toi, de tes problèmes et de la façon dont tu entends les résoudre, je crois savoir ce qui ne va pas. »

— « D'accord, dit-il, sers-moi ton baratin ! »

— « Eh bien ! lui dis-je, je pense que tu es tout simplement un prétentieux d'Irlandais qui se croit capable de mener tout le monde ! »

Ça l'a vraiment secoué, mais il s'est calmé doucement tout en m'écoutant discourir sur l'humilité que je lui décrivais comme la clé de la sobriété. Finalement, il se rendit compte que je n'avais aucunement l'ambition d'ébranler ses convictions religieuses et que je lui souhaitais de trouver dans sa propre religion la grâce qui favoriserait son rétablissement. De là, nous avons pu assez bien nous entendre.

« Alors, conclut notre vieux membre, supposons que je sois allé parler à cet homme au nom d'une quelconque religion ! Ou encore que, dans mon intervention, j'eus à lui dire que les AA avaient beaucoup besoin d'argent et que le Mouvement dirigeait des œuvres d'éducation, de santé et de réhabilitation. Supposons que j'aie offert mes services pour rétablir l'ordre dans son foyer et ses affaires ! Sur quoi aurions-nous débouché ? Sur rien, évidemment. »

Plusieurs années plus tard, ce candidat irlandais malcommode se plaisait à répéter : « Mon parrain ne m'a fait qu'une seule proposition : la sobriété. À l'époque, je n'aurais pas pu en accepter d'autres. »

Sixième Tradition

« Un groupe ne devrait jamais endosser ou financer d'autres organismes, qu'ils soient apparentés ou étrangers aux AA, ni leur prêter le nom des Alcooliques anonymes, de peur que les soucis d'argent, de propriété ou de prestige ne nous distraient de notre objectif premier. »

QUAND nous nous sommes vus en possession d'une solution à l'alcoolisme, il devenait par le fait même raisonnable (du moins, nous le pensions à ce moment-là) de nous croire en possession de solutions pour beaucoup d'autres problèmes. Selon un grand nombre, nos groupes pouvaient se lancer en affaires et financer n'importe quelle entreprise se rattachant au vaste domaine de l'alcoolisme. De fait, il nous paraissait de notre devoir d'engager tout le prestige du nom des AA pour endosser chaque bonne cause.

Voici quelques exemples des projets dont nous rêvions. Les hôpitaux n'aimaient guère les alcooliques : nous pensions donc à nous doter de notre propre chaîne d'hôpitaux. La population avait besoin d'en savoir davantage sur l'alcoolisme : nous allions donc l'éduquer, voire même réviser les manuels en usage dans les écoles et en médecine. Nous allions rechercher les épaves humaines dans leurs ghettos, y trouver ceux qui avaient des chances de se rétablir, offrir aux autres une possibilité de gagner leur subsistance grâce à une forme de confinement. Tous ces établissements rapporteraient peut-être de fortes sommes d'argent pour soutenir nos autres bonnes œuvres. Nous

songions sérieusement à faire amender les lois du pays
afin que les alcooliques soient officiellement reconnus
comme des personnes malades. On cesserait de les envoyer en prison ; les juges les confieraient à nos soins, en
liberté conditionnelle. Nous allions diffuser la méthode
des AA dans les sombres carrefours de la drogue et de la
criminalité. Nous allions former des groupes pour les
personnes dépressives ou paranoïaques ; les névroses les
plus profondes n'en feraient que mieux notre affaire. Puisqu'on pouvait venir à bout de l'alcoolisme, il allait de soi
qu'on pouvait aussi résoudre tous les autres problèmes.

Il nous est venu à l'idée que nous pourrions introduire
notre formule dans les manufactures et amener ouvriers et
capitalistes à s'aimer mutuellement. Notre rigoureuse
honnêteté aurait tôt fait d'assainir la politique. Bras dessus, bras dessous, la religion d'un côté et la médecine de
l'autre, nous résoudrions leurs différends. Ayant trouvé la
recette du parfait bonheur, nous la partagerions avec tous.
Eh quoi ! pensions-nous, notre Mouvement pourrait bien
se révéler le fer de lance d'un nouveau progrès spirituel.
Nous pourrions transformer le monde.

Oui, chez les AA, nous avions rêvé de tout cela. Quoi de
plus naturel, en somme, puisque la plupart des alcooliques
sont des idéalistes déçus ! Presque tous avaient rêvé d'accomplir beaucoup de bien, de réaliser de grandes œuvres,
d'incarner un sublime idéal. Nous sommes tous des per-
fectionnistes qui, incapables de perfection, se sont rendus
à l'autre extrême et se sont contentés de la bouteille et de
l'oubli total. Par le truchement des AA, la Providence
avait mis à notre portée la réalisation de nos objectifs les
plus ambitieux. Alors, pourquoi ne pas partager notre
mode de vie avec tout le monde ?

Nous nous sommes donc lancés dans nos projets d'hôpitaux, lesquels ont tous échoué parce qu'il est impossible de confier des projets d'affaires à un groupe des AA. Trop de chefs gâtent la sauce. Certains groupes se sont aventurés dans le domaine de l'éducation et lorsqu'ils ont commencé à vanter publiquement les mérites de telle ou telle formule, les gens n'y comprenaient plus rien. Les AA avaient-ils pour objectif de remettre les ivrognes sur pied ou de faire de l'éducation ? Était-ce un mouvement de nature spirituelle ou médicale ? Était-ce un mouvement de réforme ? À notre grande consternation, nous nous sommes vus en voie d'association avec toutes sortes d'entreprises, certaines très valables, d'autres beaucoup moins. Voyant comment on enfermait de gré ou de force les alcooliques dans des prisons et des maisons de santé, nous avons protesté : « Il devrait y avoir une loi ! » Certains membres se mirent à frapper du poing sur les tables de réunions de comités législatifs et militèrent en faveur d'une réforme de la loi. Tout cela alimentait bien les journaux, mais guère plus. Bientôt, nous allions être embourbés dans la politique. Même à l'intérieur du Mouvement, nous avons jugé impérieux de supprimer la mention du nom des AA dans l'identification des clubs et des maisons affectées aux activités de Douzième Étape.

Ces aventures nous ont fermement convaincus que nous ne devions en aucune circonstance endosser quelque entreprise connexe, peu importe la valeur. Nous, des Alcooliques anonymes, ne pouvions pas être de toutes les parties et ne devions surtout pas essayer.

Il y a plusieurs années, ce principe de non-engagement fut rudement mis à l'épreuve. Quelques-unes des plus importantes distilleries se proposaient de faire une campagne d'information sur l'alcool. Il serait bien vu, pensaient leurs dirigeants, que l'industrie des boissons alcooliques manifeste un sens de responsabilité sociale. Ils voulaient dire que l'alcool devrait être une source de plaisir et non d'abus ; que les gros buveurs devraient modérer leur consommation et que les buveurs-problèmes (les alcooliques) devraient s'abstenir entièrement.

Une de leurs associations commerciales s'interrogea sur la manière précise de conduire une telle campagne. Naturellement, on utiliserait la presse, la radio et le cinéma. Mais qui en serait le porte-parole ? On pensa aussitôt aux Alcooliques anonymes. S'ils trouvaient un bon relationniste dans nos rangs, ce serait l'idéal. Il connaîtrait certainement le problème. Son appartenance aux AA serait précieuse parce que le Mouvement avait la faveur de la population et ne comptait pas un seul ennemi au monde.

Ils trouvèrent rapidement leur homme, un membre des AA qui avait toute l'expérience voulue. Il alla directement à New York, au siège social des AA et demanda : « Y a-t-il dans nos Traditions quelque contre-indication à un mandat pareil ? Le contenu éducatif me semble adéquat et ne prête pas trop à controverse. Y voyez-vous des empêchements ? »

À première vue, le projet semblait très valable. Puis, le doute s'infiltra. L'association voulait utiliser au complet le nom du candidat pour la publicité ; on allait le présenter à la fois comme directeur de la publicité de l'association et comme membre des Alcooliques anonymes. Évidemment, personne n'aurait soulevé la moindre objection si une telle association n'avait engagé un membre des AA qu'en raison de sa compétence en relations publiques et de sa connaissance de l'alcoolisme. Mais la situation n'était pas si simple, car ici, non seulement on invitait un membre à sacrifier son anonymat, mais dans l'esprit de millions de personnes, on allait associer le nom des Alcooliques anonymes à ce projet particulier d'éducation populaire. Inévitablement, on garderait l'impression que désormais, les AA endossaient des projets éducatifs conçus par les associations de distilleurs.

Dès que nous avons perçu la vraie nature de cette incidence compromettante, nous l'avons signalée à ce candidat au poste de directeur de la publicité et nous lui avons demandé ce qu'il en pensait. Il s'écria : « Grands dieux ! Il est évident que je ne puis accepter ce poste. Avant même que l'encre ait fini de sécher sur la première affiche publicitaire, les adeptes de l'abstinence totale auraient jeté les hauts cris. Lanterne à la main, ils partiraient à la recherche d'un honnête membre des AA qui accepterait d'appuyer leur style d'éducation. Et les AA se retrouveraient au beau milieu de la controverse sur l'abstinence. La moitié de la population du pays croirait que nous avons pris le parti du régime sec, et l'autre moitié s'imagineraient que nous avons plutôt passé dans l'autre camp. Quel beau pétrin ! »

— « Néanmoins, lui faisions-nous remarquer, tu gardes tous tes droits d'accepter ce poste. »

— « Je le sais, dit-il, mais ce n'est pas le moment d'être légaliste. Les Alcooliques anonymes m'ont sauvé la vie et c'est ce qui compte avant tout. Ce n'est sûrement pas moi qui vais entraîner les AA dans des difficultés à n'en plus finir, comme ce serait sûrement le cas avec ce projet ! »

Notre ami avait tout dit sur la question des endossements. Plus clairement que jamais, nous nous rendions compte qu'il ne fallait jamais associer le nom des AA à une cause autre que la nôtre.

Septième Tradition

« Tous les groupes devraient subvenir entièrement à leurs besoins et refuser les contributions de l'extérieur. »

DES alcooliques qui subviennent à leurs besoins ? A-t-on jamais entendu parler d'une chose pareille ? Et pourtant, à notre avis, c'est bien cela que nous devons être. Ce principe est la preuve éloquente du profond changement opéré en chacun de nous par les AA. Chacun sait que dans leur phase active, les alcooliques crient qu'ils peuvent résoudre leurs pires problèmes pourvu qu'ils aient l'argent voulu. Nous avions toujours la main tendue. Aussi loin que l'on se rappelle, nous dépendions toujours de quelqu'un, sur le plan financier habituellement. Donc, lorsqu'une association entièrement composée d'alcooliques affirme qu'elle va payer ses comptes, c'est vraiment toute une nouvelle.

Il n'y a sans doute aucune autre Tradition qui ait été enfantée dans autant de douleur. Au début, nous étions tous fauchés. En plus, si l'on repense à cette notion fort répandue voulant que les gens doivent aider financièrement les alcooliques qui s'appliquent à devenir sobres, il est facile d'imaginer que nous avions l'impression de mériter d'abondantes sommes d'argent. Quelles grandes œuvres ne réaliserait-on pas grâce à ces sommes ! Chose étonnante, toutefois, les gens qui avaient de l'argent étaient d'un autre avis. De leur point de vue, il était urgent que, devenus sobres, nous puissions nous débrouiller. Notre Mouvement est donc demeuré pauvre parce qu'il devait le demeurer.

Il y avait aussi une autre cause à notre pauvreté collective. Il se révéla très tôt que si les alcooliques ne lésinaient pas lorsqu'il s'agissait d'aider un autre alcoolique par du travail de Douzième Étape, ils éprouvaient une répugnance extrême à contribuer à la collecte faite dans les salles de réunion. Nous étions renversés de nous découvrir aussi collés à notre argent que l'écorce à l'arbre. Et c'est ainsi que le Mouvement des AA a commencé sans le sou et l'est demeuré, alors que ses membres, eux, devenaient prospères.

Il semble que pour les alcooliques, ce soit toujours « tout ou rien ». Nos réactions face à l'argent illustrent bien cette attitude. Alors que le Mouvement sortait de l'enfance et entrait dans l'adolescence, nous passions de l'idée que nous avions besoin de fortes sommes d'argent à celle qui privait complètement le Mouvement. Tous répétaient : « Impossible de marier les AA et l'argent. Nous devrons séparer le spirituel du matériel. » Nous avions fait ce brusque virage parce qu'ici et là, des membres avaient essayé de tirer quelque profit de leurs relations chez les AA, et nous redoutions de nous faire exploiter. Des bienfaiteurs reconnaissants avaient parfois créé un fonds en faveur d'un club et il en résultait, à l'occasion, des ingérences de l'extérieur dans nos affaires. On nous avait fait cadeau d'un hôpital et presque aussitôt, le fils du bienfaiteur en était devenu le principal patient en même temps que l'aspirant-directeur. Un de nos groupes avait reçu un don de cinq mille dollars, dont il pouvait disposer à son gré. Les disputes causées par cet argent perturbèrent le groupe pendant des années. Effrayés par tant de complications, certains groupes refusèrent d'avoir de l'argent en caisse.

Malgré ces craintes, il nous fallut reconnaître que le Mouvement se devait de fonctionner. Louer des salles de réunions coûte de l'argent. Pour éviter le désordre dans des régions entières, il fallait structurer des bureaux, installer des téléphones et embaucher des secrétaires. Pour y arriver nous avons dû surmonter des mers de protestations. Si nous n'agissions pas ainsi, le nouveau qui frapperait à notre porte n'aurait aucune chance. Ces services élémentaires ne coûteraient presque rien. Nous pouvions et nous allions en assumer les coûts nous-mêmes. Enfin, le balancier n'oscillait plus. Son point d'arrêt marquait la Septième Tradition, telle que nous la formulons aujourd'hui.

À ce sujet, Bill aime rappeler l'anecdote suivante. En 1941, à la parution de l'article de Jack Alexander dans le *Saturday Evening Post,* la Fondation* a reçu à ses bureaux de New York des milliers de lettres enflammées d'alcooliques en détresse ou de leurs proches. « Notre personnel, précise Bill, se limitait à deux personnes : une secrétaire très dévouée et moi-même. Comment faire pour répondre à cette avalanche de demandes ? Il nous fallait à coup sûr du personnel à temps plein. Nous avons donc sollicité des contributions volontaires auprès des groupes des AA. Chacun accepterait-il de nous envoyer un dollar par année ? Sinon, on ne pourrait pas répondre à ces lettres déchirantes.

« À ma grande surprise, la réponse des groupes tardait. J'en fus profondément affligé. Au bureau, un matin, im-

---

* En 1954, « The Alcoholic Foundation, Inc. » prit le nom de « General Service Board of Alcoholics Anonymous, Inc. » et le bureau de la Fondation devint le « General Service Office » (Bureau des Services généraux).

puissant devant tant de lettres, je faisais les cent pas en pestant contre l'irresponsabilité et la mesquinerie de mes compagnons AA. À ce moment précis, apparut à la porte une vieille connaissance, le visage souffrant et ravagé. C'était notre spécialiste de la rechute. Il était évident qu'il se relevait d'une cuite. Me rappelant mes lendemains de veille, j'éprouvai pour lui une grande pitié. Je lui fis signe de passer dans la chambrette et lui tendis un billet de cinq dollars. N'ayant que trente dollars par semaine pour tout revenu, c'était un don fort généreux. Lois avait vraiment besoin de cet argent pour les provisions, mais ce n'est pas ce qui allait m'arrêter. Il me faisait chaud au cœur de voir cette expression d'intense soulagement sur la figure de mon ami. Je me trouvais exceptionnellement vertueux en comparaison de tous ces anciens ivrognes qui ne voulaient même pas donner un dollar chacun à la fondation tandis que moi, de bon cœur, j'investissais cinq dollars pour le soulagement d'une gueule de bois.

« La réunion se tenait ce soir-là dans le vieux Club de la 24ᵉ Rue de New York. Au moment de la pause, le trésorier parla timidement du piteux état des finances du Club. (C'était dans la période où on ne se permettait pas de mélanger l'argent et les AA.) En fin de compte, il se décida à nous dire que le propriétaire nous mettrait à la porte si nous ne payions pas notre loyer. Et il termina ses remarques en disant : 'De grâce, allez-y plus largement ce soir à la collecte, voulez-vous !'

« J'ai clairement entendu ce message pendant que je m'appliquais religieusement à convertir mon voisin nouvel arrivant. Le chapeau servant à la collecte se déplaçait dans ma direction. Toujours à l'œuvre sur mon néophyte, je fouillais le fond de ma poche et j'en ressortis une pièce de cinquante cents. Je ne sais pourquoi, il m'a semblé que c'était une bien grosse pièce. Je l'ai vite remplacée par une pièce de dix cents qui sonna faiblement en tombant dans le chapeau. À cette époque, on ne trouvait jamais de billets de banque dans la collecte.

« Puis, je me suis réveillé. Moi qui me vantais de ma générosité ce matin-là, j'étais plus chiche envers mon propre Club que ces alcooliques du bout du pays qui avaient oublié d'envoyer leur dollar à la Fondation. Je compris que mon don de cinq dollars à ce récidiviste était un geste égocentrique qui ne rendait service ni à lui ni à moi. Il *existait* chez les AA un endroit où l'on pouvait marier argent et spiritualité : c'était dans le chapeau de la collecte ! »

En parlant d'argent, on peut aussi rappeler cette autre histoire. Un soir, en 1948, les administrateurs de la Fondation tenaient leur réunion trimestrielle. Une question très importante était à l'ordre du jour. Une certaine dame était morte et l'on découvrit, à la lecture du testament, qu'elle avait laissé à la Fondation alcoolique, en fidéicommis pour les Alcooliques anonymes, une somme de dix mille dollars. La question était de savoir si les AA devaient accepter ce don.

Ce fut tout un débat ! La Fondation se trouvait justement en difficulté à ce moment-là ; les contributions des groupes ne suffisaient pas au soutien du bureau. Nous avions utilisé toutes les recettes de la vente de notre livre et ce n'était pas encore suffisant. La réserve fondait comme neige au printemps. Nous avions besoin de ces dix mille dollars. « Il se peut, disaient les uns, que les groupes n'arrivent jamais à supporter les dépenses du bureau et les services qu'il rend sont trop importants pour songer à le fermer. Oui, prenons cet argent. Et acceptons tous les autres dons à venir. Nous en aurons besoin. »

Puis ce fut le tour des opposants. Les membres du Conseil de la Fondation savaient déjà, firent-ils remarquer, que certaines personnes encore vivantes avaient prévu dans leur testament une somme d'un demi million de dollars pour les AA. Et Dieu seul savait tout ce qui nous était réservé sans qu'on nous l'ait déclaré. Si on ne refusait pas les dons, et de façon radicale, la Fondation finirait par se trouver riche un jour. Bien plus, il suffirait que les administrateurs annoncent publiquement que nous étions en difficulté financière pour que nous devenions immensément riches. Avec cette éventualité, le montant en cause de dix mille dollars était peu de chose, mais tout comme le premier verre de l'alcoolique, il pouvait, si on l'acceptait, déclencher une désastreuse réaction en chaîne. Où tout cela nous mènerait-il ? Quand on paie les violons, on choisit les airs et si la Fondation recevait des fonds de sources extérieures, les administrateurs pourraient avoir la tentation de gouverner en passant outre les attentes de l'ensemble du Mouvement. Dégagé de toute responsabilité, chaque membre pourrait hausser les épaules et dire : « Bof ! la Fondation est riche, pourquoi m'en faire ? » Une fortune aussi rondelette inclinerait le Conseil à inventer toutes sortes de moyens de rentabiliser ce capital, détournant ainsi notre Mouvement de son objectif premier. Si on en venait là, la confiance serait aussitôt ébranlée au sein de l'association. Le Conseil s'en trouverait isolé et deviendrait la cible de critiques sévères, tant de la part du public que de ses membres. Toutes les avenues possibles étaient là, étalées au grand jour, avec les pour et les contre.

C'est alors que nos administrateurs ont écrit une brillante page de l'histoire des AA. Ils se sont prononcés en faveur du principe d'une pauvreté permanente dans le Mouvement. Pour ses finances, la Fondation aurait désormais comme principe de subvenir aux dépenses courantes et de maintenir une réserve prudente. Même si c'était une décision pénible, les administrateurs refusèrent officiellement les dix mille dollars et adoptèrent une résolution catégorique et formelle, refusant à l'avance tout autre don semblable. C'est à ce moment, croyons-nous, que s'est fermement et définitivement fixé dans la tradition des AA le principe de la pauvreté de notre société.

Quand cette position fut connue, elle provoqua une vive réaction. Aux gens habitués aux incessantes campagnes de charité, les AA offraient une image étonnante et réconfortante. Des éditoriaux favorables publiés au pays et à l'étranger soulevèrent une vague de confiance en l'intégrité des Alcooliques anonymes. On y faisait observer que des gens irresponsables s'étaient éveillés au sens des responsabilités, et qu'en faisant de l'autonomie financière un élément de leurs traditions, les Alcooliques anonymes avaient ressuscité un idéal que leur époque avait pour ainsi dire oublié.

Huitième Tradition

« Le Mouvement des Alcooliques anonymes devrait toujours demeurer non professionnel, mais nos centres de service peuvent engager des employés qualifiés. »

ON ne trouvera jamais chez les Alcooliques anonymes une catégorie de membres professionnels. Nous sommes parvenus à une certaine compréhension de ces paroles anciennes : « Vous avez reçu gratuitement, donnez gratuitement. » Nous avons découvert qu'au niveau professionnel, l'argent et la spiritualité ne font pas bon ménage. Les meilleurs services professionnels au monde, tant au plan médical que religieux, n'ont presque jamais réussi à rétablir un alcoolique. Nous ne voulons pas déprécier la valeur de l'intervention professionnelle dans les autres domaines, mais nous nous rendons tout simplement à l'évidence qu'elle est inefficace dans notre cas. Chaque fois que nous avons voulu donner une tournure professionnelle à notre travail de Douzième Étape, nous avons abouti au même résultat : notre objectif unique a été sacrifié.

Les alcooliques ne voudront tout simplement rien entendre d'une personne qui serait payée pour pratiquer la Douzième Étape. Dès le début du Mouvement, ou presque, nous avions déjà la conviction que pour établir une communication directe avec l'alcoolique encore mal en point, il fallait partir du seul désir d'aider et d'être aidé. Quand un membre accepte d'être payé pour avoir un entretien seul à seul avec un nouveau ou devant un groupe, il peut aussi se rendre à lui-même un mauvais service. L'appât du gain compromet son intervention auprès d'un alcoolique. La chose a toujours été si évidente que bien peu de membres ont réclamé des honoraires pour du travail de Douzième Étape.

Toutes ces certitudes n'ont pas empêché que la question du travail professionnel compte parmi les sujets les plus controversés dans notre association. Les concierges chargés de nettoyer les planchers, les cuisiniers qui font rôtir les hamburgers, les secrétaires dans les bureaux, les auteurs de publications ont tous été la cible d'attaques passionnées parce que, selon l'expression de leurs accusateurs révoltés, « ils se servent des AA pour gagner de l'argent. » Oubliant qu'il ne s'agissait aucunement de travail de Douzième Étape, les critiques dénonçaient comme travailleurs professionnels nos employés qui s'acquittaient souvent de tâches ingrates que personne d'autre n'aurait pu ou voulu faire. Les hauts cris retentirent encore plus violemment lorsque des membres se mirent à exploiter, à la ville ou à la campagne, des maisons de santé pour les alcooliques, ou quand certains autres acceptèrent un emploi au service du personnel de certaines sociétés pour s'occuper de l'incidence du problème alcoolique dans l'entreprise, ou quand d'autres encore donnèrent des soins infirmiers dans les unités de soins pour alcooliques, ou enfin quand d'autres entreprirent de faire de l'information sur l'alcoolisme. Dans tous ces cas et d'autres encore, on alléguait que le savoir et l'expérience des AA étaient échangés pour de l'argent, et qu'en conséquence, les personnes en cause travaillaient à titre professionnel.

Toutefois, on en vint à distinguer les activités professionnelles des non professionnelles. En nous entendant pour que le travail de Douzième Étape ne soit pas récompensé par de l'argent, nous avions pris une sage décision, mais en prétendant que notre Mouvement ne pouvait engager du personnel de service ou que nos membres ne pouvaient en aucun cas transporter le savoir des AA dans d'autres secteurs, nous écoutions la voix de la peur. Aujourd'hui, à la lumière de l'expérience, cette peur a presque complètement disparu.

Prenons le cas du concierge et du cuisinier du club. Pour fonctionner, le club doit être habitable et accueillant. Nous avons essayé de nous en remettre à des bénévoles mais ils furent vite désenchantés de balayer les planchers ou de préparer le café sept jours sur sept. Ils ne se présentaient tout simplement plus. Par surcroît, dans un club désert, personne ne répond lorsque le téléphone sonne ; c'est donc une invitation ouverte pour l'alcoolique qui fait la noce et qui est en possession d'une clef de secours. Il faut donc une personne employée à temps plein pour s'occuper du local. Si l'on embauche un alcoolique, il recevra seulement le salaire qu'il aurait fallu payer à un non-alcoolique pour le même travail. La tâche ne consistait pas à *faire* le travail même de Douzième Étape mais à le rendre possible. C'était une question de service purement et simplement.

Le Mouvement lui-même ne pouvait pas fonctionner sans employés permanents. À la Fondation* et dans les bureaux d'intergroupe, nous ne pouvions pas engager des secrétaires non alcooliques ; il nous fallait des gens capables de s'exprimer à la manière des AA. Mais du moment

---

* En 1954, « The Alcoholic Foundation, Inc. » prit le nom de « General Service Board of Alcoholics Anonymous, Inc. » et le bureau de la Fondation devint le « General Service Office » (Bureau des Services généraux).

qu'on embauchait de telles gens, les prudents et les peureux criaient au professionnalisme. À un certain moment, ces serviteurs de confiance se sont retrouvés dans une situation intenable. On ne les invitait plus à prendre la parole dans les réunions des AA parce qu'ils « se servaient des AA pour gagner de l'argent. » À l'occasion, certains membres allaient jusqu'à fuir leur compagnie. Même les plus charitables en parlaient comme d'un « mal nécessaire ». Dans les comités, on exploitait à fond cette ligne de pensée pour réduire le salaire de ces employés qui retrouveraient un sens de la vertu, se disait-on, en acceptant de travailler à très bon compte pour les AA. Ces attitudes ont duré plusieurs années. Puis nous avons pris conscience que si une secrétaire surchargée de travail répond au téléphone cinquante fois par jour, écoute les lamentations d'une vingtaine d'épouses, fait le nécessaire pour assurer l'hospitalisation ou le parrainage d'une dizaine de nouveaux, et fait aussi preuve de gentillesse et de diplomatie à l'égard de l'alcoolique furieux et mécontent de son rendement et de son salaire de secrétaire, cette dernière ne doit sûrement pas être considérée comme membre professionnelle. Elle ne donne pas un style professionnel à la Douzième Étape, elle la rend tout simplement possible. Elle contribue à ce que personne ne frappe en vain à notre porte pour obtenir du secours. Dans les comités et services, les bénévoles apportaient une contribution fort valable, mais on ne pouvait pas s'attendre à ce qu'ils assument toutes ces autres tâches jour après jour.

À la Fondation, c'est pareil. Ce n'est pas par enchantement que les huit tonnes de livres et de publications qui passent là chaque mois se transforment en colis et sont expédiés vers divers points du globe. Pour répondre à ces montagnes de lettres sur tous les problèmes imaginables chez les AA, depuis le cas de l'Inuit solitaire jusqu'aux difficultés de croissance de milliers de groupes, il faut vraiment des gens bien *informés*. Il faut aussi entretenir les relations souhaitables avec les gens de l'extérieur et garder en bon état le réseau vital de ressourcement des AA. Nous complétons donc notre effectif en employant des membres. Nous leur versons un bon salaire et quand ils le touchent, ils l'ont mérité. Ce sont des employés de bureau professionnels, mais sûrement pas des membres professionnels.*

Dans le cœur de chaque membre des AA, il restera sans doute toujours la crainte que des gens en viennent à exploiter notre nom pour des fins vraiment lucratives. Il suffit d'y faire allusion pour qu'aussitôt gronde un ouragan ; et par expérience, nous savons que les ouragans balayent avec égale fureur les bons et les méchants. Les ouragans sont toujours déraisonnables.

Personne n'a essuyé autant de tempêtes passionnelles de ce genre que ces bons membres qui avaient eu l'audace d'accepter un poste dans un organisme extérieur aux AA œuvrant en milieu alcoolique. Dans une université, on demandait les services d'un membre pour s'occuper d'éducation populaire en alcoologie. Dans une compagnie, on cherchait un directeur du personnel qui soit versé dans la question. Dans une maison d'État pour alcooliques, on demandait un directeur vraiment habile avec les ivrognes. Une municipalité se cherchait un travailleur social expérimenté qui soit bien renseigné sur les ravages de l'alcool

---

* Le travail des membres des AA employés au BSG n'a pas d'équivalent dans les entreprises commerciales. Ces membres nous font profiter d'une vaste expérience des affaires et des professions libérales.

dans les familles. Une commission formée par l'État pour l'étude de l'alcoolisme était prête à payer les services d'un recherchiste. Ce sont là quelques exemples seulement des possibilités que certains membres des AA se sont vu offrir à titre personnel. Ici et là, certains membres ont acheté des maisons de réhabilitation ou des maisons de santé pour permettre aux ivrognes les plus mal en point d'obtenir les soins requis. La question qui se posait, et qui se pose encore parfois, était de savoir si, aux termes de la tradition des AA, on doit qualifier de professionnelles les activités de ce genre.

Nous croyons que la réponse est la suivante : « Non, les membres qui s'engagent dans de telles carrières à temps plein ne donnent pas un caractère professionnel à la Douzième Étape des AA. » Nous ne sommes pas arrivés instantanément ni sans heurt à cette conclusion. Au début, nous n'arrivions pas à cerner le véritable problème en cause. En ce temps-là, dès qu'un membre acceptait un emploi dans un organisme semblable, il lui venait aussitôt la tentation d'utiliser le nom des Alcooliques anonymes pour favoriser la publicité ou les collectes de fonds de l'organisme. Maisons de réhabilitation, projets d'éducation, corps législatifs, commissions, tous faisaient état de la présence de membres des AA dans leur personnel. Sans trop y penser, les membres concernés ne se gênaient pas pour enfreindre la consigne de l'anonymat et mieux battre ainsi le tambour en faveur de leur chère entreprise. C'est ce qui explique que certaines excellentes causes, avec tout ce qui leur était relié, aient subi une critique injuste venant de groupes des AA. Plus souvent qu'autrement, la charge était donnée au cri de « Professionnalisme ! cet individu profite des AA pour s'enrichir ! » Et pourtant, aucun de ces membres n'avait été employé pour accomplir du travail de Douzième Étape. Le manquement à dénoncer dans ce cas n'était pas le professionnalisme, mais l'anonymat. On mettait en danger l'objectif exclusif des AA et on abusait du nom des Alcooliques anonymes.

Maintenant que la grande majorité des membres de notre Mouvement observent la consigne de l'anonymat dans les situations publiques, on constate que les craintes se sont presque toutes évanouies. Nous reconnaissons qu'il ne nous est ni permis ni nécessaire de décourager les membres qui désirent s'engager à titre personnel dans des champs plus vastes. Nous agirions effectivement de façon antisociale en le leur interdisant. Nous ne pouvons revendiquer pour les AA un statut d'organisme si hermétique qu'il faille garder ultra-secrets notre savoir et notre expérience. Si, en qualité de citoyen, un membre des AA peut améliorer sa compétence de recherchiste, d'éducateur, de directeur de personnel, qu'est-ce qui l'interdit ? Chacun peut y gagner et nous n'y avons rien perdu. C'est vrai, certains projets auxquels nos membres se sont associés étaient parfois assez mal conçus, mais ce fait ne change absolument rien au principe en cause.

Et voilà la palpitante série d'imbroglios qui ont finalement forgé la tradition des AA sur le refus du professionnalisme. Le travail de Douzième Étape ne doit jamais être rémunéré, mais ceux qui travaillent à notre service méritent leur salaire.

Neuvième Tradition

« Comme Mouvement, les Alcooliques anonymes ne devraient jamais avoir de structure formelle, mais nous pouvons constituer des conseils ou des comités de service directement responsables envers ceux qu'ils servent. »

DANS sa première version, la Neuvième Tradition était rédigée comme ceci : « Les Alcooliques anonymes s'en tiennent au minimum d'organisation. » Avec les années toutefois, nous avons changé d'avis sur ce point. Aujourd'hui, nous pouvons dire avec assurance que les Alcooliques anonymes, c'est-à-dire le Mouvement comme tel, ne devraient jamais avoir aucune structure. Puis en apparente contradiction, nous procédons à la création de certains comités et conseils de service qui, eux, sont vraiment structurés. Comment donc pouvons-nous parler d'un mouvement non structuré qui possède et exerce le droit de se donner une structure de service ? Cherchant à comprendre ce paradoxe, les gens se demandent : « Que veulent-ils dire par absence de structure ? »

Essayons d'y voir clair. A-t-on jamais entendu parler d'une nation, d'une église, d'un parti politique ou même d'une association de bienfaisance qui ne se donne aucune règle d'appartenance ? A-t-on jamais entendu parler d'un organisme qui ne puisse imposer quelque discipline à ses membres ni exiger l'obéissance à quelques règlements indispensables ? N'est-ce-pas l'usage, dans toutes les sociétés du monde, de confier à certains membres l'autorité d'exiger l'obéissance de la part des autres membres et de punir ou d'expulser les insoumis ? C'est pourquoi toute nation et, en fait, toute forme de société, doit se constituer comme un gouvernement administré par des êtres humains. Au cœur même de toute structure se retrouve le pouvoir de diriger ou de gouverner.

Pourtant les Alcooliques anonymes font exception. Notre Mouvement ne se conforme pas à ce modèle. Ni la Conférence des Services généraux, ni le Conseil de la Fondation*, ni le plus humble des comités d'un groupe des AA ne peut donner la moindre directive à un membre, le forcer à s'y soumettre et encore moins le punir. Nous avons fait plusieurs tentatives en ce sens, mais nous avons toujours échoué. Les groupes ont cherché à expulser des membres, mais ces derniers sont revenus s'asseoir dans les salles de réunions en disant : « C'est une question de vie ou de mort pour nous ; vous ne pouvez pas nous interdire de venir ». Des comités ont souvent demandé à des membres d'arrêter d'aider des récidivistes, mais ils se sont fait répondre : « La façon dont je fais mon travail de Douzième Étape ne regarde que moi. Qui êtes-vous pour en juger ? » Il ne s'ensuit pas que les membres refuseront tout conseil ou toute suggestion venant de membres plus expérimentés, mais ils n'accepteront sûrement pas de recevoir des ordres. Personne n'est moins populaire que le membre d'expérience rempli de sagesse qui, déménageant dans une autre région, entreprend de dire à son nouveau groupe comment il devrait fonctionner. Ce membre et tous ceux qui, à son exemple et « pour le bien des AA, sonnent par-

---

* En 1954, « The Alcoholic Foundation, Inc. » prit le nom de « General Service Board of Alcoholics Anonymous, Inc. » et le bureau de la Fondation devint le « General Service Office » (Bureau des Services généraux).

tout l'alarme », se butent chaque fois à une résistance obstinée ou pire encore, font rire d'eux.

Vous pensez peut-être qu'il faut faire exception pour le siège social à New York. À n'en pas douter, les gens qui sont là doivent sûrement avoir un peu d'autorité. Mais depuis longtemps, les administrateurs aussi bien que les membres du personnel ont compris qu'ils ne devaient rien faire de plus que des suggestions, et très modestes, de surcroît. Ils ont même dû s'inventer quelques petites phrases qu'ils insèrent encore dans la moitié de leurs lettres : « Évidemment, vous êtes entièrement libres de régler ce problème comme vous l'entendez. Mais l'expérience du plus grand nombre chez les AA semble en fait indiquer... » Il s'agit bien, n'est-ce pas, d'une attitude très différente de celle d'un gouvernement central. Nous reconnaissons qu'il est impossible de commander à des alcooliques, seuls ou en groupe.

Ici, nous pouvons facilement entendre un ecclésiastique s'exclamer : « Ils érigent la désobéissance en vertu ! » Les psychiatres ajoutent : « Des gamins défiants ! Ils ne grandiront jamais et ne se conformeront jamais à l'ordre social ! » Jusqu'à l'homme de la rue qui y va de son commentaire : « Je n'y comprends rien. Ils doivent être cinglés ! » Mais tous ces observateurs n'ont pas remarqué l'élément qui est exclusif aux Alcooliques anonymes. À moins de suivre avec autant d'application que possible la méthode des Douze Étapes que nous lui proposons en vue de se rétablir, le membre des AA signe à toutes fins pratiques son arrêt de mort. Son ivrognerie et ses mœurs dissolues ne sont pas des punitions infligées par des gens en autorité ; elles résultent de son infidélité personnelle à des principes spirituels.

Une menace tout aussi redoutable pèse sur le groupe lui-même. À moins de se conformer d'assez près aux Douze Traditions des AA, le groupe peut se détériorer et périr. Chez les Alcooliques anonymes, par conséquent, on obéit vraiment aux principes spirituels, d'abord parce qu'il le faut bien, mais en fin de compte parce que nous aimons le genre de vie que cette obéissance nous procure. Une souffrance profonde et un très grand amour : voilà les deux seuls agents disciplinaires chez les AA. Il ne nous en faut pas d'autres.

Il est maintenant clair que nous ne devons jamais créer des conseils qui nous gouverneront, mais il est tout aussi évident que nous aurons toujours besoin d'autoriser des employés à nous servir. Il y a là toute la différence entre l'esprit d'une autorité qu'on détient et l'esprit de service : ce sont deux concepts qui sont parfois aux antipodes l'un de l'autre. C'est dans l'esprit de service que nous élisons, au sein d'un groupe des AA, un comité informel dont les postes sont occupés en rotation ; dans le même esprit, nous élisons l'association de l'intergroupe pour une région, et les Conférences des Services généraux des Alcooliques anonymes pour l'ensemble du Mouvement. Même notre Fondation, qui était naguère un organisme indépendant, doit maintenant rendre compte directement à notre association. Ses administrateurs sont les gardiens et les gestionnaires de nos services mondiaux.

Tout comme la sobriété personnelle est l'objectif de chaque membre des AA, ainsi l'objectif de nos services est de faire en sorte que la sobriété soit à la portée de tous ceux qui la recherchent. Si personne ne s'occupe des travaux de routine du groupe, si le téléphone de la région sonne sans que personne n'y réponde, si nous ne répondons pas au courrier, c'est la fin du Mouvement tel que nous le connaissons. Nos voies de communication avec ceux qui ont besoin de notre aide seraient brisées.

Le mouvement des AA doit fonctionner mais, en même temps, il doit éviter ces dangers que sont la grande richesse, le prestige et le pouvoir établi qui guettent nécessairement les autres organismes. Bien qu'à première vue, notre Neuvième Tradition semble traiter d'un problème purement pratique, elle nous révèle, dans son application concrète, une société sans structure, animée par le seul esprit de service, un véritable mouvement d'entraide.

Dixième Tradition

« Le Mouvement des Alcooliques anonymes n'exprime aucune opinion sur des sujets étrangers ; le nom des AA ne devrait donc jamais être mêlé à des controverses publiques. »

JAMAIS depuis sa fondation, le Mouvement des Alcooliques anonymes n'a été divisé par une controverse majeure. Il n'a jamais non plus, dans un monde en perpétuel conflit, pris publiquement parti sur un sujet. Il ne s'agit pas toutefois d'une vertu acquise avec le temps. On pourrait pratiquement dire que nous l'avions de naissance, selon le mot récent d'un de nos plus anciens membres : « Entre les membres des AA, je n'ai presque jamais entendu d'échange vif sur un problème religieux, politique ou social. Tant que nous ne discuterons pas de ces sujets entre nous il va de soi que nous ne les aborderons jamais publiquement. »

Comme par instinct, les AA ont appris dès le début qu'ils ne devaient jamais, malgré toutes les provocations, prendre position dans un débat public, même s'il en vaut la peine. On retrouve partout dans l'histoire le spectacle de nations et de groupes en émergence qui furent finalement taillés en pièces parce qu'ils cherchaient la controverse ou étaient attirés par elle. D'autres se sont désagrégés en tentant, par sentiment de supériorité, d'imposer au reste de l'humanité leurs propres conceptions établies depuis des millénaires. À notre époque même, nous avons vu des millions de personnes périr dans des guerres économiques et politiques souvent amorcées par des différences religieuses ou raciales. Nous vivons dans l'imminente possibilité d'un nouvel holocauste qui déterminerait comment les hommes devraient être gouvernés et comment on répartirait les produits de la nature et les corvées. Tel est le climat spirituel dans lequel les AA ont vu le jour et, par la grâce de Dieu, réussi malgré tout à prospérer.

Nous tenons à souligner une fois de plus que notre répugnance à nous disputer entre nous ou avec d'autres ne nous apparaît pas comme une vertu qui nous rendrait supérieurs aux autres. On ne doit pas en conclure non plus que les membres des Alcooliques anonymes, désormais rétablis dans leur dignité de citoyens du monde, vont maintenant se défiler de leur responsabilité individuelle et s'abstiendront de prendre les positions qu'ils trouvent justes dans les problèmes de notre temps. Mais quand il s'agit du Mouvement comme tel, c'est une tout autre affaire. Là, nous ne pouvons nous engager dans la controverse publique car nous savons que ce serait tuer notre société. Nous accordons à la survie et à la diffusion des Alcooliques anonymes une bien plus grande importance qu'à l'efficacité de notre appui collectif à toute autre cause. Et vu que notre rétablissement de l'alcoolisme équivaut pour nous à la vie même, il est impératif que nous tenions mordicus à nos moyens de survie.

Ce qui précède pourrait peut-être laisser penser que les alcooliques, dans notre Mouvement, sont devenus soudainement une belle grande famille de gens heureux et pacifistes. Bien sûr, ce n'est pas du tout le cas. Nous demeurons des humains et nous nous disputons. Avant d'en arriver à une certaine harmonie, le Mouvement avait l'air plus chaotique qu'autre chose, du moins en surface. Le

directeur qui venait d'approuver une dépense de cent mille
dollars pour sa société commerciale pouvait se présenter à
une réunion d'affaires des AA et piquer une colère bleue
devant une dépense de vingt-cinq dollars pour des tim-
bres-poste indispensables. Agacés des manœuvres de
certains membres désireux de contrôler le groupe, la moitié des membres pouvaient, sous le coup de la colère, le
fuir et en former un autre plus conforme à leurs goûts.
Certains anciens devinrent temporairement des pharisiens
et se mirent à bouder. On a mené des attaques acerbes
contre des gens à qui on prêtait des intentions douteuses.
Malgré le bruit qu'elles ont pu faire, nos disputes puériles
n'ont jamais pu causer le moindre tort aux AA. Elles re-
présentaient simplement une phase de notre entraînement
à vivre et à travailler ensemble. Et signalons en plus qu'elles avaient presque toujours comme motif de rendre notre
méthode plus efficace et de découvrir des moyens pour
être le plus utile au plus grand nombre possible d'alcooliques.

La *Washingtonian Society,* un mouvement d'alcooliques
fondé il y a plus d'un siècle à Baltimore, a failli découvrir
la solution au problème de l'alcoolisme. Au début, ce
mouvement était entièrement composé d'alcooliques qui
tâchaient de s'entraider. Les tout premiers membres
avaient compris qu'ils devaient se consacrer à cet unique
objectif. À plusieurs égards, les *Washingtonians* ressem-
blaient aux AA d'aujourd'hui. Ils comptaient plus de cent
mille membres. Si on les avait laissés à leurs propres affaires et s'ils en étaient tenus à leur unique objectif, ils auraient peut-être découvert toute la solution. Mais cela ne
s'est pas produit. Au contraire, les *Washingtonians* ont
permis à des politiciens et réformateurs, aussi bien alcooli-

ques que non alcooliques, d'utiliser la société à leurs fins propres. L'abolition de l'esclavage, par exemple, était à cette époque un problème orageux. Bientôt, des porte-paroles des *Washingtonians* prirent en public une position violente sur ce sujet. La société aurait pu survivre à la controverse sur l'Abolition mais elle n'avait plus aucune chance quand elle entreprit de réformer l'usage des boissons alcooliques aux États-Unis. Lorsque les *Washingtonians* partirent en croisade de tempérance, ils perdirent en quelques années à peine toute leur efficacité pour secourir les alcooliques.

Les Alcooliques anonymes n'ont pas oublié la leçon donnée par les *Washingtonians*. L'étude de l'échec de ce mouvement amena les premiers membres des AA à décider que notre société ne se mêlerait d'aucune controverse publique. Ils posaient ainsi la pierre angulaire de la Dixième Tradition : « Le Mouvement des Alcooliques anonymes n'exprime aucune opinion sur des sujets étrangers ; le nom des AA ne devrait donc jamais être mêlé à des controverses publiques. »

Onzième Tradition

« La politique de nos relations publiques est basée sur l'attrait plutôt que sur la réclame ; nous devons toujours garder l'anonymat personnel dans la presse écrite et parlée, de même qu'au cinéma. »

L E mouvement des AA n'aurait jamais pu se développer comme il l'a fait sans l'appui d'une foule d'amis bienveillants. Dans le monde entier, la publicité abondante, variée et toujours favorable a été notre meilleur moyen de recrutement. Le téléphone sonne sans arrêt dans nos bureaux, nos clubs et nos maisons ! On nous dit : « J'ai lu un article dans le journal... », ou encore : « Nous avons entendu à la radio... », et puis : « Nous avons vu un film... » ou bien : « Nous avons vu quelque chose au sujet des AA à la télévision... » Il n'est pas exagéré de dire que la moitié des membres des AA sont venus à nous par ces moyens.

Ceux qui nous approchent ainsi ne sont pas tous des alcooliques ou des personnes proches d'alcooliques. Il y a des médecins qui lisent au sujet des AA dans leurs revues médicales et qui téléphonent pour obtenir plus d'informations. Des ecclésiastiques voient aussi des articles dans leurs publications et viennent aux renseignements. Des employeurs, apprenant que des entreprises d'envergure nous ont soutenus, désirent savoir ce qu'on peut faire dans leurs établissements pour contrer l'alcoolisme.

Nous avions donc la grave responsabilité d'établir pour notre Mouvement la meilleure politique possible de relations publiques. Au prix de plusieurs expériences pénibles, nous croyons être arrivés à la formule idéale. Elle est souvent à l'opposé des pratiques courantes dans l'art de la promotion. Quant à nous, il nous est apparu que nous devions nous appuyer sur le principe de l'attrait plutôt que sur celui de la réclame.

Essayons de voir comment fonctionnent ces deux concepts fort différents : l'attrait et la réclame. Le parti politique qui veut gagner une élection met l'accent sur l'excellence de son leadership pour attirer les votes. Quand une œuvre veut recueillir des fonds, elle imprime en évidence sur son papier à lettres le nom des éminents personnages qui acceptent de la patronner. Une bonne part de l'activité économique, politique et religieuse dans le monde repose sur la publicité faite autour des têtes dirigeantes. Les personnes qui incarnent des valeurs et des idées répondent à un besoin profond des êtres humains. Chez les AA, nous ne remettons pas ce phénomène en cause, mais il nous faut bien regarder les faits comme ils sont et reconnaître qu'il est risqué, surtout dans notre cas, d'être mis en évidence dans la société. Par tempérament, nous avions presque tous été d'infatigables promoteurs et la perspective d'une association presque entièrement composée de promoteurs nous effrayait. En considérant ce facteur important, nous avons réalisé qu'il nous fallait exercer une sage retenue.

Cette retenue nous a valu des retombées étonnantes. Il en a résulté pour les Alcooliques anonymes une publicité plus favorable que si les meilleurs publicitaires du Mouvement y avaient appliqué tous leurs talents. Comme il fallait nécessairement que les AA obtiennent quelque publicité, nous en sommes venus à penser qu'il vaudrait beaucoup mieux laisser nos amis s'en charger. C'est exactement ce qui s'est produit, et d'une manière incroyable. Bien que sceptiques par déformation professionnelle, des journalistes chevronnés n'ont rien épargné pour répandre le message des AA. Pour eux, nous sommes beaucoup plus qu'un réservoir de bons reportages. Dans presque tous les secteurs de l'information, les hommes et les femmes du métier se sont pris d'amitié pour nous.

Au début, les gens de la presse ne parvenaient pas à comprendre pourquoi nous refusions toute publicité personnelle. Ils étaient tout à fait déconcertés de nous voir tant tenir à l'anonymat. Puis ils ont compris. Ils avaient devant eux un phénomène rare dans notre monde : une société désireuse de faire connaître ses principes et son action, mais non pas ses membres. La presse a été ravie de cette attitude. Et depuis, ces bons amis ont parlé des AA avec un enthousiasme que les membres les plus ardents auraient du mal à égaler.

Il fut même un temps où la presse américaine croyait plus fermement aux avantages de l'anonymat pour les AA que certains de nos propres membres. À une époque, on pouvait compter près d'une centaine de nos membres qui manquaient publiquement à la consigne de l'anonymat. Avec les meilleures intentions, ceux-ci dénonçaient le principe de l'anonymat en disant qu'il était désormais désuet bien qu'il ait eu sa raison d'être à l'époque des pionniers. Ces membres étaient convaincus que le Mouvement avancerait plus vite et plus loin s'il se prévalait des méthodes modernes de publicité. Les AA disaient-ils, comptaient dans leurs rangs plusieurs célébrités locales, nationales ou internationales. Si ces personnes y consentaient, comme c'étaient le cas de plusieurs, pourquoi ne pas rendre publique leur appartenance au Mouvement et encourager ainsi d'autres personnes à y adhérer ? C'était des arguments défendables, mais fort heureusement, nos amis journalistes ne les partageaient pas.

La Fondation* fit parvenir des lettres à presque tous les organismes d'information d'Amérique du Nord pour leur préciser que notre politique de relations publiques consistait à miser davantage sur l'attrait que sur la réclame, et pour souligner que l'anonymat personnel constituait la plus efficace protection des AA. Depuis ce moment, rédacteurs en chef et correcteurs-réviseurs ont très souvent retiré des reportages les noms et photographies de membres des AA, et ont fréquemment rappelé à certains membres arrivistes le principe de l'anonymat des AA. Ils ont même, à cause de ce dernier, sacrifié de bons reportages. Cette étroite coopération nous a sûrement aidés. Seuls quelques membres isolés manquent encore délibérément en public à la consigne de l'anonymat.

Telles sont en résumé les étapes de la mise au point de la Onzième Tradition des AA. Pour nous, toutefois, c'est beaucoup plus qu'une solide politique de relations publiques. Il ne s'agit pas seulement de renoncer à la renommée personnelle. Cette tradition nous rappelle sans cesse et concrètement que l'ambition personnelle n'a pas sa place chez les AA. C'est la Tradition qui permet à chacun des membres de devenir un gardien actif de notre Mouvement.

---

* En 1954, « The Alcoholic Foundation, Inc. » prit le nom de « General Service Board of Alcoholics Anonymous, Inc. » et le bureau de la Fondation devint le « General Service Office » (Bureau des Services généraux).

Douzième Tradition

*« L'anonymat est la base spirituelle de toutes nos
traditions et nous rappelle sans cesse de placer les
principes au-dessus des personnalités. »*

L E sacrifice constitue la substance spirituelle de l'anonymat. Vu qu'il nous est répété dans chacune des
Douze Traditions des AA de sacrifier nos désirs personnels pour le bien commun, nous prenons conscience que
l'esprit de sacrifice (dont l'anonymat est un excellent
symbole) est à la base de toutes ces Traditions. Et si tant
de gens ont autant confiance en l'avenir des AA, c'est que
nous avons prouvé que nous étions disposés à faire ces
sacrifices.

Mais, au début, l'anonymat n'est pas né de la confiance : c'était plutôt le fruit de nos peurs de débutants. Nos
premiers groupes d'alcooliques ne portaient pas de nom
parce que c'étaient des sociétés secrètes. Les nouveaux
candidats ne pouvaient nous joindre que par l'entremise
d'amis très sûrs. Toute mention de publicité, même au
sujet de notre travail, nous saisissait. Bien que ne buvant
plus, nous nous pensions encore obligés de nous mettre à
l'abri de la méfiance et du mépris publics.

En 1939 lorsque le Gros Livre fut publié, nous l'avons
titré *Alcoholics Anonymous*. L'avant-propos contenait
cette déclaration révélatrice : « Il est très important pour
nous de garder l'anonymat car nous sommes actuellement
trop peu nombreux pour nous occuper du nombre exorbi-
tant d'appels personnels que peut déclencher cette publication. Comme nous sommes presque tous des gens d'affai-

res ou de professions libérales, nous ne pourrions plus, dans ces conditions, vaquer convenablement à nos occupations. Il est facile de lire entre les lignes que nous avions peur que l'arrivée d'un grand nombre de nouveaux fasse éclater notre anonymat.

Les problèmes d'anonymat se multipliaient au même rythme que les groupes. Ébahis du rétablissement spectaculaire d'un frère alcoolique, il nous arrivait de discuter de son cas entre nous en dévoilant des détails intimes et bouleversants que son parrain seul au dû connaître. La victime ulcérée se plaignait avec raison qu'on avait trahi sa confiance. Quand ces révélations se mettaient à circuler à l'extérieur du Mouvement, la crédibilité de notre engagement à l'anonymat était fortement ébranlée. Cela a fréquemment éloigné des candidats. Il était évident qu'il ne fallait pas révéler le nom d'un membre, s'il le désirait, non plus que son histoire. Ce fut notre première leçon pratique de l'anonymat.

Certains de nos nouveaux membres, toutefois, dans une attitude d'intempérance bien caractéristique, faisaient fi de toute discrétion. Ils voulaient crier le nom des AA sur tous les toits, et le faisaient. Certains alcooliques, à peine sevrés et le cœur content, couraient raconter leur histoire à qui voulait l'entendre. D'autres se précipitaient devant les microphones et les caméras. De temps en temps, ils s'enivraient lamentablement et quittaient leur groupe en claquant les portes. Ce n'était plus des membres, mais des vedettes des AA.

Ce phénomène de contraste nous força vraiment à réfléchir. Pour nous, la question se posait clairement : « Jusqu'où l'anonymat doit-il aller ? » La croissance que nous avions connue nous interdisait de nous comporter comme une société secrète, mais nous ne pouvions pas non plus nous transformer en circuit de vaudeville. Il nous a fallu beaucoup de temps pour nous tracer une voie sûre entre ces deux extrêmes.

Règle générale, le nouveau souhaitait aussitôt informer sa famille de ce qu'il tentait de faire. Il voulait aussi en parler à ceux qui avaient essayé de l'aider : son médecin, son pasteur ou ses amis intimes. À mesure qu'il se sentait plus sûr de lui, il trouvait normal d'expliquer son nouveau mode de vie à son employeur ou à ses associés. Lorsque l'occasion se présentait de porter secours, il découvrait qu'il lui était assez facile de parler des AA à toutes sortes de gens. Ces aveux discrets l'aidait à se défaire de sa crainte du stigmate alcoolique et à répandre dans son milieu la nouvelle de l'existence des AA. Beaucoup de nouveaux membres, hommes ou femmes, se sont joints à nous suite à de telles conversations. Même si la consigne de l'anonymat n'était pas suivie à la lettre, l'esprit en était dûment respecté.

Mais il devenait apparent que la méthode du bouche à oreille ne suffisait pas. Notre travail avait besoin d'une vraie publicité. Il fallait que les groupes puissent rapidement atteindre le plus grand nombre possible d'alcooliques désespérés. De nombreux groupes commencèrent à tenir des réunions auxquelles on admettait des amis ou d'autres personnes intéressés, afin de permettre aux gens ordinaires de voir par eux-mêmes en quoi consistait le Mouvement. Ce genre de réunions reçut un accueil fort sympathique. Bientôt, on demandait aux groupes de déléguer des membres pour s'adresser à des groupes de citoyens, à des assemblées religieuses et à des associations médicales. Lorsqu'on respectait l'anonymat sur ces tribunes et que les journalistes présents étaient avertis de ne pas mentionner les noms des membres et de ne pas utiliser leur photographie, les résultats étaient magnifiques. Nous avons ensuite fait nos premières incursions dans la grande publicité : elles furent sensationnelles. Du jour au lendemain, à Cleveland, nous sommes passés d'une poignée de membres à plusieurs centaines par suite d'articles publiés sur nous dans le journal de l'endroit, le *Plain Dealer*. En un an seulement, le nombre de nos membres doubla grâce aux reportages sur le dîner offert par M. Rockefeller pour faire connaître les Alcooliques anonymes. Le célèbre article de Jack Alexander dans le *Saturday Evening Post* fit de notre Mouvement une institution nationale. De tels hommages ont fait boule de neige. D'autres journaux et revues réclamaient des témoignages. Les studios de cinéma voulaient nous filmer. La radio, et enfin la télévision, nous assiégeaient de propositions d'entrevues. Que fallait-il faire ?

Nous étions conscients que ces nombreuses marques d'intérêt à notre égard, bien que contenant la promesse d'une vaste reconnaissance publique, pouvaient soit nous aider considérablement ou nous nuire terriblement. Tout dépendrait de la façon dont elles seraient canalisées. Nous ne pouvions tout simplement pas prendre le risque de laisser des membres se mandater eux-mêmes et se présenter comme de véritables messies chargés de parler au nom des AA. L'instinct de promoteur qui dort en chacun de nous aurait pu causer notre perte. Il aurait suffi qu'un seul s'enivre publiquement ou se laisse aller à se servir du nom des AA par intérêt personnel pour causer un tort peut-être irréparable. À ce niveau, c'est-à-dire celui de la presse, de la radio, du cinéma et de la télévision, l'anonymat à cent pour cent s'imposait sans autre choix. Là, les principes devaient prendre le pas sur les personnalités, sans aucune exception.

Ces expériences nous ont appris que l'anonymat est l'humilité véritable en action. C'est une qualité spirituelle sous-jacente qui caractérise aujourd'hui la vie du Mouvement partout dans le monde. Animés par l'esprit d'anonymat, nous essayons de sacrifier notre désir naturel de nous signaler personnellement comme membres des AA, tant auprès de nos compagnons alcooliques que dans le grand public. Nous croyons qu'en faisant ainsi taire ses aspirations bien humaines, chaque membre contribue personnellement à tisser l'immense manteau qui couvre et protège le Mouvement tout entier et sous lequel nous pouvons croître dans l'unité.

Nous sommes assurés que l'humilité, telle qu'elle s'exprime dans l'anonymat, est la protection la plus efficace que peuvent se donner les Alcooliques anonymes.

Les Douze Traditions

L'expérience des AA nous enseigne ceci :

Un — Chaque membre des Alcooliques anonymes n'est qu'une infime partie d'un grand tout. Les AA doivent continuer d'exister sinon la plupart d'entre nous serons voués à une mort certaine. Notre bien-être commun doit donc venir en premier lieu mais notre bien-être personnel vient tout de suite après.

Deux — Dans la poursuite de notre objectif commun, il n'existe qu'une seule autorité ultime : un Dieu d'amour tel qu'Il peut se manifester dans notre conscience de groupe.

Trois — Nous devons admettre dans nos rangs tous ceux qui souffrent d'alcoolisme. Dès lors, nous ne pouvons exclure quiconque désirant se rétablir. De plus, l'adhésion aux AA n'est conditionnelle à aucune contribution monétaire ou conformité à quelque règle. Dès que deux ou trois alcooliques se rassemblent pour leur sobriété, ils peuvent se considérer comme un groupe des AA pourvu qu'en tant que groupe, ils ne soient associés à aucun autre organisme.

Quatre — En ce qui concerne son propre fonctionnement, chaque groupe des AA ne devrait dépendre d'aucune autorité autre que sa propre conscience. Mais si ses projets affectent le bien-être d'autres groupes environnants, ces derniers devraient être consultés. De même, aucun groupe, comité régional ou membre ne devrait poser d'actes susceptibles d'affecter l'ensemble du Mouvement sans en avoir d'abord parlé aux administrateurs du Conseil des Services généraux. En pareil cas, le bien-être commun passe avant tout.

Cinq — Chaque groupe des Alcooliques anonymes devrait constituer une entité spirituelle n'*ayant qu'un seul but premier* : transmettre son message à l'alcoolique qui souffre encore.

Six — Les questions d'argent, de propriété et d'autorité peuvent facilement nous détourner de notre but spirituel premier. Nous croyons donc que toute propriété importante vraiment utile aux AA devrait être détenue et administrée séparément par une société dûment constituée, pour bien distinguer le matériel du spirituel. Un groupe des AA comme tel ne devrait jamais se lancer en affaire. Les organismes qui peuvent servir d'appoints aux AA comme les clubs, les hôpitaux, et qui impliquent l'acquisition ou la gestion de propriété, devraient relever d'une personne morale distincte et demeurer indépendants des groupes afin que, si nécessaire, on puisse s'en détacher facilement. Ces organismes, par conséquent, ne devraient pas utiliser le nom des AA. Leur gestion devrait incomber exclusivement à leurs bailleurs de fonds. Il est cependant préférable que les clubs soient administrés par des membres des AA. Mais les hôpitaux et les autres centres de traitement devraient se situer en dehors du Mouvement et relever d'une autorité médicale. S'il est vrai que les AA doivent collaborer avec tous, cette collaboration ne doit jamais prendre la forme d'une association ou d'une caution, implicite ou explicite. Un groupe des AA doit être libre de toute attache.

Sept — Les groupes des AA doivent se supporter financièrement eux-mêmes avec les contributions volontaires de leurs membres. Nous croyons que chaque groupe doit atteindre cet objectif le plus rapidement possible ; qu'il est très dangereux d'utiliser le nom des AA pour quelque sollicitation de fonds auprès du public, qu'elle soit faite par des groupes, des clubs, des hôpitaux ou des organismes extérieurs ; qu'il est imprudent d'accepter des dons considérables, qu'elle qu'en soit la source, ou des contributions comportant quelque obligation que ce soit. De même, nous trouvons très inquiétant les trésoreries de certains groupes où continuent de s'accumuler des sommes qui dépassent leurs besoins justifiés et qui constituent plus qu'une réserve prudente. L'expérience nous a démontré que rien n'est plus susceptible de détruire notre héritage spirituel que les disputes futiles sur des questions de propriété, d'argent ou d'autorité.

Huit — Les Alcooliques anonymes devraient toujours demeurer une organisation non professionnelle. Par professionnalisme, on entend tout service rémunéré à titre de conseiller en alcoolisme. Rien cependant ne nous empêche d'employer des alcooliques pour accomplir des tâches qui pourraient autrement être remplies par des non-alcooliques. Ces services particuliers peuvent mériter une juste rémunération. Mais notre travail usuel de Douzième Étape doit toujours demeurer gratuit.

Neuf — Un minimum de structure est nécessaire à chaque groupe des AA. La formule de la rotation à la direction est la meilleure. Un petit groupe peut élire son secrétaire, un groupe plus considérable désignera un comité rotatoire, et les groupes d'une vaste région métropolitaine formeront un comité central ou un intergroupe qui nécessitera souvent l'embauche d'un secrétaire à plein temps. Les administrateurs du Conseil des Services généraux constituent en fait notre Comité des Services généraux des AA. Ils sont les gardiens de nos Traditions et les dépositaires des contributions volontaires des membres, contributions qui servent au support financier du Bureau des Services généraux des AA, à New York. Les groupes leur confèrent l'autorité de s'occuper de l'ensemble de nos relations publiques et d'assurer l'intégrité de notre magazine principal, le *AA Grapevine*. Tous ces représentants doivent être animés d'un esprit de service parce que chez les AA, les vrais chefs ne sont que des serviteurs de confiance et d'expérience pour l'ensemble du Mouvement. Leur titre ne leur confère aucune autorité véritable ; ils ne gouvernent pas. Leur utilité dérive du respect universel qui leur est accordé.

Dix — Aucun groupe ou membre des AA ne devrait, sous aucun prétexte, exprimer une opinion qui engagerait le Mouvement sur tout sujet extérieur qui prête à controverse, tout particulièrement en matière de politique, de lutte contre l'alcoolisme ou de différence religieuse. Les groupes des Alcooliques ne s'opposent à personne. Sur de tels sujets, ils ne peuvent absolument rien dire.

Onze — Nos relations avec le grand public devraient se caractériser par l'anonymat personnel. Nous pensons que les AA devraient éviter la publicité à sensation. Nos noms et nos photos nous identifiant comme membres des AA ne devraient jamais être diffusés sur les ondes ou dans des films ou des écrits publics. Nos relations publiques devraient être guidées par l'attrait plutôt que par celui de la réclame. Il n'y a jamais lieu de se vanter. Nous croyons qu'il est beaucoup plus profitable de laisser ce soin à nos amis.

Douze — En dernier lieu, nous, des Alcooliques anonymes, croyons que le principe de l'anonymat revêt une immense importance spirituelle. Il nous rappelle que nous devons placer les principes au-dessus des personnalités et pratiquer une humilité véritable. Ceci, afin que les grâces reçues ne nous déforment jamais, et pour que nous puissions vivre pour toujours dans la plus profonde gratitude envers Celui qui est le maître de nos destinées.